ERNÄHRUNGS-DOC

Dr. med. Jörn Klasen

Tschüss FETTLEBER

Besser essen – gesünder leben

INHALT

Das bedeuten die Icons bei den Rezepten

vegan	vegetarisch	Low Carb	entzündungshemmend	reich an Bitterstoffen

MEIN ANTI-FETTLEBER-PROGRAMM

Dieses Buch hat eine gute Nachricht: So gravierend die Folgen einer Fettleber sein können, so leicht ist es auch, unser wichtigstes Stoffwechselorgan rechtzeitig zu retten und gesund zu halten. Dabei spielt die richtige Ernährung eine entscheidende Rolle.

Unsere Leber ist ein schweigendes Organ mit fantastischen Fähigkeiten. Sie lässt sich viel gefallen, ohne mit Schmerzen auf sich aufmerksam zu machen. Deshalb muten wir ihr häufig zu viel zu und lassen sie unbedacht verfetten. Während wir uns noch in Sicherheit wiegen, führt die Leber oftmals bereits einen schweren Kampf, von dem wir nichts ahnen. Die meisten Menschen wissen zum Beispiel, dass Alkohol in größeren Mengen die Leber massiv schädigt. Doch der Zusammenhang zwischen Fettleber und Ernährung ist wenig bekannt.

Zu viel Zucker, zu viele ungesunde Kohlenhydrate, überflüssige Snacks, vermeintlich gesunde Fruchtsäfte und sogar Obst im Übermaß bedrohen die Leber auf ungeahnte Weise. Eine schlechte Ernährung macht die Fettleber zur weltweit häufigsten chronischen Lebererkrankung. Sage und schreibe 30 bis 40 Prozent aller Erwachsenen über 40 Jahre haben heute eine Fettleber. Zwar trifft es vor allem übergewichtige männliche Senioren, aber auch schlanke und junge Frauen sind nicht gefeit – selbst vor Kindern macht die Entwicklung nicht halt. Das hat oft dramatische Folgen. Wenn das Superorgan langsam und lange unbemerkt verfettet, erhöht sich das Risiko für eine Leberzirrhose und Leberkrebs. Lassen Sie es nicht so weit kommen! Die vergrößerte Leber ist kein unabwendbares Schicksal. Jeder hat es selbst in der Hand, seine persönliche „Meisterin der Selbstheilung“ gut zu pflegen, Erkrankungen zu verhindern und bereits bestehende Schäden wieder rückgängig zu machen. Das ist die wichtigste Botschaft dieses Buches: Die Leber kann durch die richtige Ernährung sehr schnell wieder kerngesund werden und bleiben. Dafür müssen Sie nicht mehr tun, als ein paar Gewohnheiten zu verändern.

In diesem Buch lernen Sie nicht nur die faszinierenden Geheimnisse unserer Leber kennen, sondern erfahren auch, was Sie tun müssen, um das schweigende Organ glücklich zu machen und es nicht zu einer Fettleber „verkommen“ zu lassen. Die wichtigste Säule meines Anti-Fettleber-Programms ist die richtige Ernährung: Was sollte täglich auf den Teller? Warum sind Esspausen so wichtig? Welche Lebensmittel sind die besten? Was sollte man unbedingt meiden? Außerdem geht es um Bewegung, den Umgang mit Alkohol und Stress, das Verändern von Gewohnheiten und nicht zuletzt um psychologische Tricks, die gute Vorsätze unterstützen. Im großen Rezeptteil finden Sie vom Frühstück bis zum Abendessen reichlich Anregungen für eine lebergesunde Küche sowie Vorschläge zum 800-Kalorien-Fasten.

Gute Gesundheit wünscht Ihnen

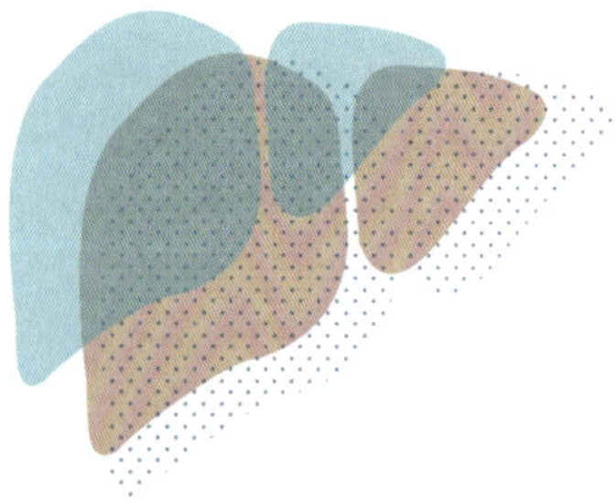

DIE LEBER – DAS ZENTRALORGAN DES STOFFWECHSELS

Die Leber ist ein Organ mit faszinierenden Fähigkeiten, sie ist ein wahrer Tausendsassa. Sie reguliert den Stoffwechsel, kann speichern, um-, auf- und abbauen, entgiften, ausscheiden und vieles mehr. Wie entsteht das Superorgan? Wie ist es aufgebaut und wie arbeitet es?

Die Leber ist unser größtes Stoffwechselorgan, ohne sie wäre ein Leben nicht möglich. Alles, was wir über die Nahrung aufnehmen, gelangt zunächst in die Leber. Sie nimmt wahr, was da kommt, und prüft, was für unseren Körper als Baustein taugt. Sie ist am Fett-, Eiweiß- und Kohlenhydratstoffwechsel beteiligt, wandelt also Nährstoffe um. Zudem ist die Leber eine Drüse und unterstützt mit der von ihr produzierten Gallenflüssigkeit die Fettverdauung. Spürt die Leber Schädliches auf, sorgt sie dafür, dass es entgiftet und ausgeschieden wird. Sie speichert Vitamine und Mineralstoffe und spielt eine entscheidende Rolle bei der Blutbildung und der Immunabwehr.

DIE ENTWICKLUNG IM MUTTERLEIB

Der Embryo im Mutterleib ist noch winzig klein, wenn die Leber mit ihrer Entwicklung beginnt: Gerade mal 2,5 Millimeter misst sein Körper in der dritten Schwangerschaftswoche. Das ist die Zeit, in der die Leber „geboren" wird. Sie entspringt aus dem Vorderdarm unterhalb des Herzens und bildet eine Ausbuchtung nach vorne: die Leberbucht. Aus ihrem oberen Teil entwickelt sich die Leber mit ihren Gallengängen, aus dem unteren die Gallenblase mit dem Gallengang, der zum Zwölffingerdarm führt.
Am Ende der vierten Schwangerschaftswoche entstehen die Leberzellen (Hepatozyten).
Die Leber ist als zweilappiges symmetrisches Organ angelegt. Später in der Embryonalzeit hört der linke Lappen auf zu wachsen, während der rechte weiterhin größer wird. Die Hauptaufgabe der Leber eines ungeborenen Kindes ist bis weit über die Hälfte der Schwangerschaft hinaus die Blutbildung. Außerdem beginnen die Leberzellen schon früh in der Embryonalentwicklung, Glykogen zu speichern. Andere Stoffwechselfunktionen wie die Entgiftung und die Glykogenolyse (siehe Seite 8 f.) entwickeln sich erst kurz vor der Geburt.

MASSE UND KLASSE

Bei Erwachsenen ist die Leber 1,5 Kilogramm schwer – das entspricht etwa zwei Prozent des Körpergewichts. Damit ist die Leber unser schwerstes inneres Organ und die größte Drüse des menschlichen Organismus. Die Leber liegt horizontal im rechten Oberbauch unmittelbar unterhalb des Zwerchfells, an das sie fixiert ist. Deshalb macht sie jede Atembewegung mit. Der rechte größere Leberlappen liegt an der rechten Bauchwand an. Der kleinere linke Lappen reicht in den linken Oberbauch fast bis zur Milz und überdeckt den Magen (siehe Abbildung Seite 12). Da sie eine beinahe flüssige Konsistenz hat, hinterlassen die auf der Rückseite liegenden Organe (rechte Nebenniere, rechte Niere, Zwölffingerdarm und Dickdarm) tiefe Abdrücke (Impressionen) in der Leber. Eine straffe, bindegewebige Kapsel sorgt dafür, dass sie zusammenhält. Ihr Inneres wird zu 80 Prozent aus Hepatozyten gebildet, die strangförmig aneinandergereiht in den Funktionseinheiten der Leber, den sechseckigen Leberläppchen, verlaufen. Dazu kommen sogenannte Kupffer-Zellen, Fresszellen, die Teil des Immunsystems sind, und hepatische Sternzellen, die Fett und Vitamin A speichern können.

VENÖSES WUNDERWERK

Die Leber wird über zwei Gefäßsysteme mit Blut versorgt: die Leberarterie (25 Prozent) und die Pfortader (75 Prozent). In der Pfortader sammelt sich das Blut aus den Verdauungsorganen (Magen, Dünndarm, Dickdarm, Bauchspeicheldrüse und Milz) und transportiert Nährstoffe, aber auch Abbauprodukte direkt zur Leber, also am großen Blutkreislauf vorbei. Das Blut in der Pfortader ist sauerstoffarm. Leberarterie und Pfortader spalten sich in der Leber auf und umgeben als kleine Verästelungen die Leberläppchen. Mediziner bezeichnen dieses Gefäßsystem als „venöses Wundernetz“. Das von den Leberzellen verarbeitete Blut fließt weiter zu größeren Sammelvenen, von dort in die untere Hohlvene und schließlich in den rechten Herzvorhof. Nachdem es in der Lunge mit Sauerstoff angereichert wurde, wird das nährstoffreiche Blut dann im ganzen Körper verteilt, um alle Organe zu versorgen.

UNZERTRENNLICH: LEBER UND GALLENBLASE

Am Unterrand des rechten Leberlappens liegt die etwa 10 Zentimeter lange Gallenblase. Die von den Leberzellen kontinuierlich gebildete Gallenflüssigkeit fließt über die Gallenkanälchen – ein verzweigtes Drainagesystem, das ebenfalls die Leberläppchen umgibt – in einen Gallengang und von dort in den Zwölffingerdarm. Auf diesem Weg zweigt ein weiterer Gallengang zur Gallenblase ab. Hier wird ein Teil der Gallenflüssigkeit aufgenommen und zehnfach konzentriert, sozusagen als Reserve für Notfälle. Denn bei Bedarf, wenn zum Beispiel sehr viel fettreiche Nahrung den Magen verlässt, wird das Gallenblasenkonzentrat Richtung Darm abgegeben, um dort beim Abbau der Fette zu helfen. Die Leber produziert täglich 500 bis 800 Milliliter Gallenflüssigkeit, die zu etwa 90 Prozent aus Wasser besteht und einen vergleichsweise hohen pH-Wert von 6,2 bis 8,5 hat, also eher basisch ist. In der Gallenflüssigkeit finden sich neben Wasser Gallensäuren sowie der Gallenfarbstoff. Die Gallensäuren werden von der Leber aus Cholesterin gebildet. Sie töten unter anderem Bakterien im Darm ab. Der Gallenfarbstoff Bilirubin entsteht beim Abbau des roten Blutfarbstoffs Hämoglobin – hierbei arbeiten Milz und Leber zusammen. Bilirubin und Cholesterin werden mit der Galle über den Stuhl ausgeschieden.

DOPPELROLLE IM FETTSTOFFWECHSEL

Im Fettstoffwechsel hat die Leber sowohl eine ab- als auch eine aufbauende Funktion. Einerseits hilft sie beim Abbau der Nahrungsfette, indem sie Gallensäure in den Darm ausschüttet. Dort docken die Gallensäuren an die Fette aus Salatsauce, Lachsfilet oder Pommes frites an, die sie sozusagen „vorbehandeln“. Erst dann können Enzyme aus der Bauchspeicheldrüse die Fette (Triglyzeride) in Fettsäuren und Glycerin zerlegen. Die Fettbestandteile werden in die Darmwand aufgenommen und dort bereits wieder zu ihrer ursprünglichen Form zusammengefügt. Danach gelangen sie als Fetttröpfchen über die Lymphe des Bauchraums und den Brustmilchgang in die obere Hohlvene und ins Herz. So wandern die Fette über das sauerstoffreiche Blut der Leberarterie zur Leber, während die Bausteine der Eiweiße und Kohlenhydrate direkt über die Pfortader in die Leber fließen. In der Leber werden die Fette dann als VLDL (Very Low Density

Lipoprotein) verpackt ins Blut abgegeben. Neben Triglyzeriden wird in den VLDL auch Cholesterin transportiert. Fette liefern Energie für einige Organe, zudem taugen sie als Baumaterial für Zellwände und Hormone. Überschüssiges Fett wird zuerst in den Speichern an Hüften und Gesäß deponiert, dann im Unterhautfettgewebe und schließlich zwischen den Organen: das gefährliche Bauchfett (siehe Seite 17). Erst dann lagert die Leber selbst Fett ein.
Die Leber hat aber auch eine aufbauende Funktion im Fettstoffwechsel: Sie kann Fettsäuren, Triglyzeride und Cholesterin herstellen und aus Kohlenhydraten (Glukose) Fette bilden. Cholesterin ist die Ausgangssubstanz für die Gallensäuren und zahlreiche Hormone sowie ein wichtiger Baustein der Zellmembranen. Es spielt zudem eine wichtige Rolle im Vitamin-D-Stoffwechsel. Den Tagesbedarf von etwa einem Gramm Cholesterin kann der Körper selbst herstellen, was ungefähr zur Hälfte in der Leber stattfindet. Wird viel Cholesterin über die Nahrung zugeführt, zum Beispiel über Eier oder Butter, drosselt die Leber ihre Produktion. Darum ist Cholesterinreiches nicht so gefährlich, wie lange angenommen wurde. Der Cholesterinspiegel wird hauptsächlich durch gesättigte Fette erhöht, aber auch durch Bewegungsmangel oder genetische Vorbelastungen. Ein zu hoher Cholesterinspiegel (vor allem zu viel vom sogenannten LDL-Cholesterin und insbesondere sd-LDL-Cholesterin) gilt als Risikofaktor für Herzkrankheiten. Wenn wir lange fasten und die Glukosevorräte aufgebraucht sind, kann die Leber auch aus Fettsäuren Substanzen bilden, die die Nervenzellen, in erster Linie das Gehirn, als Treibstoff nutzen können: die sogenannten Ketonkörper.

WÄCHTER IM EIWEISS-STOFFWECHSEL

Der Mensch braucht – wie alle lebenden Organismen – Eiweiß als elementaren Baustoff. Ein 70 Kilogramm schwerer Mensch verfügt über etwa 10 Kilogramm Eiweiß (Protein). Täglich werden in der Leber etwa 400 Gramm Eiweiß verstoffwechselt. Davon werden 300 Gramm abgebaut und durch Recycling neu produziert, der Rest muss über die Nahrung ausgeglichen werden. Eiweiße bestehen aus 20 Aminosäuren. Sie gelangen aus der Nahrung über die Pfortader in die Leber und werden dort in den Leberzellen verarbeitet. Dabei kann eine Aminosäure in eine andere umgebaut und bei Bedarf aus dem Kreislauf genommen werden, sodass der Eiweißspiegel im Blut weitgehend auf einem Level gehalten wird. Das ist immens wichtig, damit immer genügend Protein zur Verfügung steht. 90 Prozent aller Plasmaproteine werden in der Leber synthetisiert. Den größten Anteil macht das Albumin aus – ein Transportprotein für Stoffe, die nicht wasserlöslich sind. Es hält zudem den Druck in den Blutbahnen aufrecht, der wiederum dafür sorgt, dass nicht zu viel Flüssigkeit in umliegendes Gewebe übergeht. Wird krankheitsbedingt, beispielsweise bei einer Leberzirrhose, zu wenig Albumin gebildet, entstehen Flüssigkeitsansammlungen (Ödeme) in den Unterschenkeln, Knöcheln oder in der Bauchhöhle. Gerinnungsfaktoren sind weitere Eiweiße im Blut, die die Leber bildet. Bei Verletzungen stoppen diese Substanzen Blutungen. Allerdings sind neun Aminosäuren essenziell, das heißt, der menschliche Organismus kann sie nicht produzieren, sie müssen mit der Nahrung aufgenommen werden.

SOUSCHEF IM ZUCKERSTOFFWECHSEL

Auch im Kohlenhydratstoffwechsel, umgangssprachlich Zuckerstoffwechsel, spielt die Leber eine zentrale Rolle. Kohlenhydrate, also Mehrfachzucker, die wir mit der Nahrung etwa als Brot, Nudeln, Kartoffeln oder Süßigkeiten aufnehmen, werden durch die Enzyme der Darmwand und der Bauchspeicheldrüse in Einfachzucker zerlegt. Die Einfachzucker Glukose, Fruktose und Galaktose fließen mit dem Pfortader-

blut in die Leber, sobald sie die Darmwand passiert haben. Glukose ist für die meisten Organe der Lieblings-Treibstoff – das Gehirn arbeitet überhaupt nur mit Glukose oder notfalls Ketonkörpern. Darum bedarf es hier eines besonders ausgeklügelten Regulationssystems, bei dem die Leber der Hauptakteur ist. Sie wandelt nämlich Glukose in seine Speicherform Glykogen um: 300 bis 400 Gramm Glykogen kann die Leber einlagern. Im Bedarfsfall, etwa in Esspausen, kann sie den Nährstoff wieder abbauen (Glykogenolyse) und als Glukose ins Blut abgeben. Die Leber reguliert also den Blutzuckerspiegel. Beim Fasten wird der Körper zunächst aus den Zuckerspeichern der Leber mit Glukose versorgt. Erst nach etwa dem zweiten Tag geht es an die Fett-, aber auch an die Proteindepots. Die Leber kann bei Bedarf nämlich aus Fett und bestimmten Eiweißbausteinen Glukose machen (Glukoneogenese). Auch aus Laktat, das im Muskel entsteht, bastelt die Leber Glukosemoleküle.
Bei alldem wird die Leber von der Bauchspeicheldrüse dirigiert. Wenn sehr viel Glukose bei der Leber ankommt, sorgt die Bauchspeicheldrüse mithilfe des Hormons Insulin dafür, dass die Leber Glykogen bildet. Insulin schaufelt zudem die Glukose aus dem Blut in die Körperzellen: Der Zuckerpegel sinkt. Sind die Energiereserven hingegen leer, bildet die Bauchspeicheldrüse Glukagon. Das ist das Signal für die Leber, Glukose freizusetzen. Bauchspeicheldrüse und Leber halten also gemeinsam den Blutzuckerspiegel konstant. Es ist enorm wichtig, dass der Zuckerspiegel nicht zu hoch ist oder zu tief sinkt. Sonst drohen schwerwiegende Folgen bis hin zur Bewusstlosigkeit. Leider hat auch ein anderes Hormon Einfluss auf die Zuckerspeicher in der Leber: das Stresshormon Cortisol. Bei Stress wird Glykogen in der Leber zu Zucker abgebaut. Schließlich war es für unsere Vorfahren in der Steinzeit wichtig, dem Körper sehr schnell viel Energie für Kampf oder Flucht zur Verfügung zu stellen (Fight-or-Flight Response). Haben wir heute Ärger, rennen wir normalerweise nicht davon, sondern verharren auf unserem Bürostuhl. Daher wird der zur Verfügung stehende Treibstoff nicht verbrannt, sondern erhöht immer weiter den Zuckerwert im Blut. Das ruft wiederum das Insulin auf den Plan: Weil viel Zucker angeschwemmt wird, wird viel Insulin ausgeschüttet. Der Blutzucker sinkt dadurch sehr stark und verursacht Heißhungerattacken.

Fruktose stresst die Leber

Ein großes Problem für die Leber ist Fruktose. Die Aufnahme des Fruchtzuckers in den Körper verläuft anders als bei Glukose. Sie führt ausschließlich über die Leber und dabei wird kein Insulin ausgeschüttet. Deshalb hat man Fruktose früher irrtümlicherweise als „Diabetikerzucker" angepriesen, bis man erkannte, dass Fruchtzucker rasch zu Übergewicht und einer Fettleber führt. Der Grund: Wenn die Leber mit zu viel Fruktose geflutet wird, wandelt sie den Überschuss, den sie nicht verstoffwechseln kann, in Fett um und lagert es ein. Zusätzlich bremst Fruktose die Wirkung des Hormons Leptin, das für unser Sättigungsgefühl verantwortlich ist. Die Folge ist, dass wir immer mehr essen. In den USA gilt Fruktose inzwischen als Dickmacher Nummer eins. Sie ist verantwortlich für einen Großteil der Fettlebererkrankungen. Von Fertiggerichten und Softdrinks, denen oftmals Fruktose zugesetzt ist, sollte man daher besser die Finger lassen.

WICHTIGES MINERALSTOFFDEPOT

Neben den Makronährstoffen ist die Leber auch das Logistikzentrum für Vitamine und Mineralstoffe. Sie speichert Spurenelemente wie Eisen,

Auf einen Blick

Hier sehen Sie die vielfältigen Aufgaben der Leber im Überblick. Die Leber ...

... ist bis zum siebten Schwangerschaftsmonat der Ort, an dem die Blutbildung des Fötus stattfindet.

... reguliert den gesamten Stoffwechsel der Makronährstoffe. Das sind der Eiweiß-, der Fett- und der Kohlenhydratstoffwechsel.

... ist die größte Drüse des menschlichen Organismus. Als ihr Sekret bildet sie die Gallenflüssigkeit.

... arbeitet als Speicherorgan für Fette, Glukose, Vitamine und Spurenelemente wie zum Beispiel Eisen.

... bildet Cholesterin, Bluteiweiße für Abwehrfunktionen, Blutgerinnung und Transportproteine sowie Galle (Gallenfarbstoff und Gallensäuren).

... baut ab: Cholesterin zu Gallensäuren, Blutfarbstoff zu Gallenfarbstoff, Ammoniak zu Harnstoff (Ausscheidung über die Nieren). Außerdem hilft sie mit Gallensäuren beim Abbau von Fetten.

... entgiftet schädliche Keime, Medikamente, Hormone und Alkohol.

Kupfer, Zink und Mangan sowie die fettlöslichen Vitamine A, B_{12}, E und K. Vitamin B_{12} kann die Leber in so großen Mengen deponieren, dass diese Vorräte mehrere Jahre reichen. Dies ist der Grund, warum eine mangelhafte Vitamin-B_{12}-Versorgung bei manchen Veganern erst nach Jahren gesundheitliche Folgen hat (Vitamin B_{12} findet sich nur in tierischen Lebensmitteln, die Veganer meiden). In der Schwangerschaft und beim Stillen werden die Speicher in der Leber allerdings schneller geleert, weil Vitamin B_{12} wichtig für die Gehirnentwicklung des Embryos ist. Im Eisenstoffwechsel fungiert die Leber nicht nur als Speicherplatz, sondern hilft auch beim Recycling. Baut die Leber Hämoglobin zu Bilirubin ab, wird Eisen frei, das für den Transport von Sauerstoff notwendig ist. Eisen wird dann an ein von der Leber hergestelltes Eiweißmolekül – das Transferrin – gekoppelt und zurück ins Knochenmark transportiert. Dort wird es erneut in die sich bildenden roten Blutkörperchen eingebaut. So reicht das Eisendepot des Körpers, das schon bei der Geburt vorhanden ist, fast das ganze Leben lang – wir müssen nur geringe Mengen Eisen über die Nahrung aufnehmen.

ENORME ENTGIFTUNGSKAPAZITÄTEN

Neben den Nährstoffen gelangen täglich auch unzählige Substanzen in unseren Körper, die schädlich für uns sind. Die Natur hat uns darum mit einem hervorragenden Entgiftungssystem ausgestattet, das von der Leber gesteuert wird. Sie kann Gifte in ihren Zellen mithilfe von Enzymen umbauen und über die Galle sowie die Nieren ausleiten. Beim Abbau von Eiweiß in der Leber entsteht etwa schädliches Ammoniak, das die Leber zu Harnstoff umbaut und zu den Nieren weiterleitet. Auch Medikamente identifiziert die Leber als Fremdstoffe und zerlegt sie in kleinere Bestandteile, die der Körper über die Galle ausscheidet. Und nicht zuletzt beim Abbau von Alkohol zeigt die Leber ihre Stärke. Sie kann ein Gramm Alkohol pro 10 Kilogramm Körpergewicht in der Stunde abbauen. Dabei entstehen zuerst Acetaldehyd und schließlich Fettsäuren, Kohlendioxid und Wasser. Bei zu hohem Alkoholkonsum werden die Fettsäuren schließlich auch in der Leber eingelagert: eine alkoholische Fettleber entsteht (siehe Seite 17).

DIE LEBER – ORGAN DES LEBENS

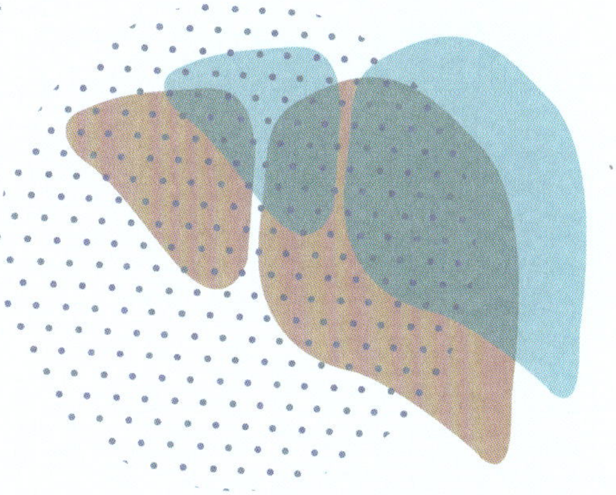

Der Name deutet es an: Leber und leben oder im Englischen liver und to live – die Leber ist ein Lebensorgan. Die anthroposophische Medizin ordnet die Leber dem Lebensleib zu. Sie wird auch als Willensorgan bezeichnet.

Die anthroposophische Medizin beschreibt den Menschen auf vier Ebenen: der körperlichen (physischer Leib), der lebendigen (Lebensleib), der seelischen (Seelenleib) und der geistigen (Ich-Organisation). Der physische Leib ist rein stofflich (unbelebt). Er beansprucht Raum und nimmt darin Gestalt an – er verbindet uns mit dem Mineralreich. Der Lebensleib steht für unser Befinden, für Lebenskraft und Wachstum. Während der physische Leib das Gewordene im Raum repräsentiert, verkörpert der Lebensleib Prozesse und Wandlung in der Zeit. Die dritte Ebene, der Seelenleib, umfasst das Bewusstsein, die Triebe und Bedürfnisse. Die vierte Ebene, die Ich-Organisation, ermöglicht uns zu denken, zu sprechen, kreativ zu handeln und auf dieser Basis ein Selbstbewusstsein zu entwickeln.

LEBENSLEIB UND WASSERELEMENT

Die Leber ist in der anthroposophischen Medizin dem Lebensleib und dem Wasserelement zugeordnet. Aufgabe des Lebensleibs (auch Ätherleib genannt) ist es, aus der rein stofflichen Welt etwas Lebendiges zu erschaffen. Genau das tut die Leber: Sie wandelt körperfremde Stoffe (etwas aus der Nahrung) in körpereigene Stoffe um. Diese aufbauenden, regenerierenden Prozesse laufen überwiegend in der Nacht ab. Demgegenüber findet die Produktion von Gallenflüssigkeit eher tagsüber statt. Zu den abbauenden Prozessen gehört, dass Blutfarbstoff, Cholesterin, Medikamente und andere Stoffe umgewandelt und ausgeschieden werden. Für ihre Arbeit braucht die Leber das Wasserelement: Täglich wird sie von fast 2000 Litern Blut durchströmt, das sind etwa anderthalb Liter pro Minute.

Sinnbildlich für den Lebensleib ist die hohe Regenerationskraft der Leber: Sie ist eines der wenigen Organe, die sich für eine Lebendspende eignen. Bei Erwachsenen werden bis zu 60 Prozent der Leber des Spenders entnommen und dem Empfänger eingesetzt. Sowohl beim Spender als auch beim Empfänger wächst die Leber nach der Transplantation und erreicht beinahe ihre ursprüngliche Größe.

ANTHROPOSOPHISCHE THERAPIE

Die anthroposophische Therapie zielt darauf ab, die Selbstheilungskräfte anzuregen. Dabei sollen die verschiedenen Ebenen des Menschen angesprochen werden. Verwendet werden Arzneimittel aus den Naturreichen. Neben Einzelmitteln (etwa Cichorium Stanno cultum D3) kommen Kombinationen (zum Beispiel Hepatodoron) zum Einsatz (siehe Seite 33). Auch Wickel und Auflagen bilden wesentliche Bestandteile der anthroposophischen Therapie (siehe Seite 52). Seelisch-geistige Aspekte können in der Biografiearbeit und Psychotherapie angesprochen und bearbeitet werden.

AUFBAU UND LAGE DER LEBER

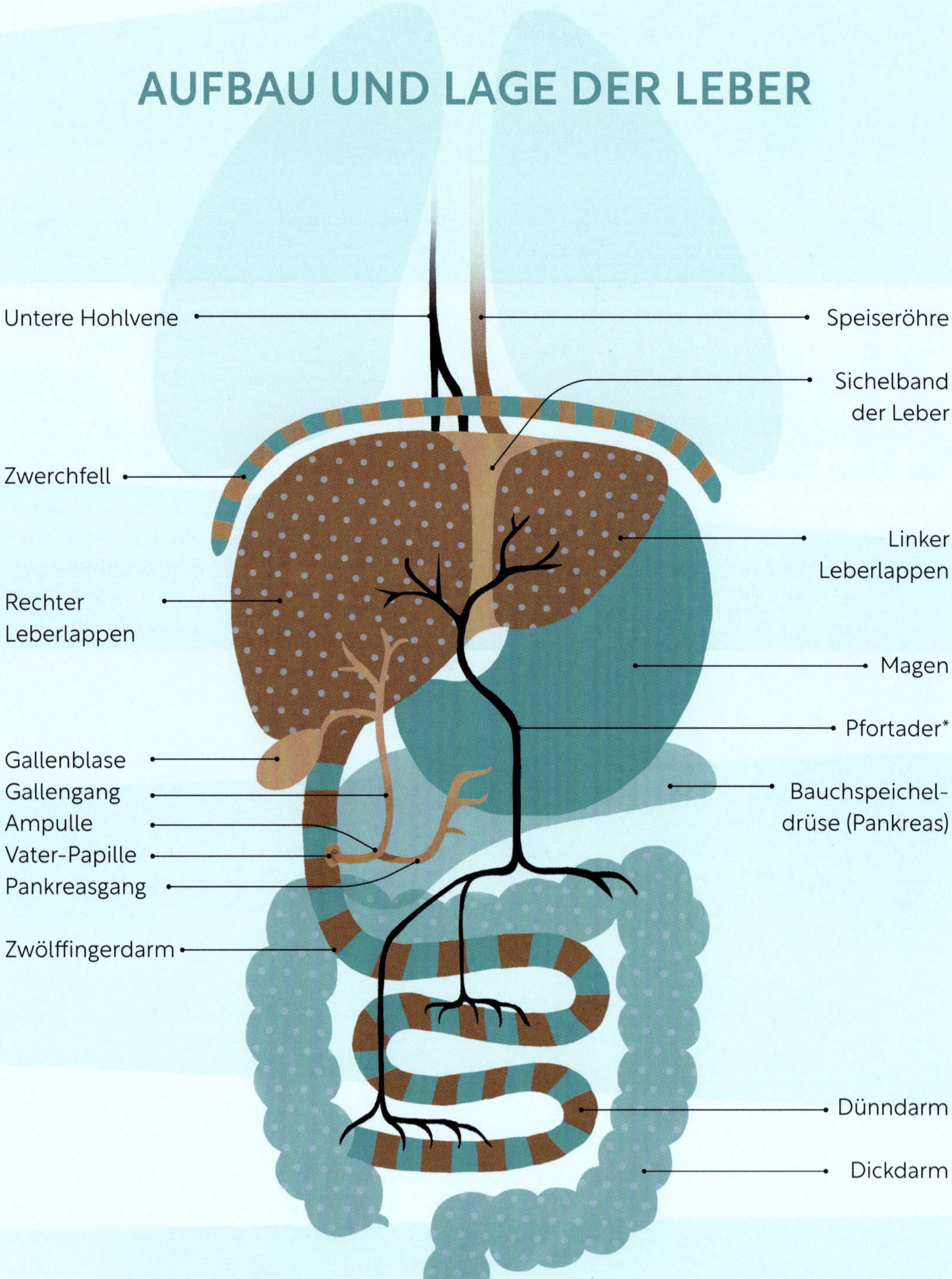

*Die Pfortader sammelt das Blut aus allen unpaaren Bauchorganen ein – aus Dickdarm, Dünndarm, Magen, Bauchspeicheldrüse und Milz.

STECKBRIEF LEBER

Das zentrale Organ für den Aufbau des menschlichen Organismus schafft im besten Sinne des Wortes Leben. Die Leber hat eine schier unglaubliche Energie und verblüffende Fähigkeiten. Sie ist zweifellos ein Organ der Superlative.

Spitzenwerte

Kein anderes Organ erledigt so viele Aufgaben wie die Leber. Sie ist das schwerste Organ und die größte Drüse des Körpers. Außerdem erhält sie als einziges Organ Blut aus zwei Quellen: der Leberschlagader und der Pfortader.

Schmerzfrei

Da die Leber keine Nerven enthält, bleiben eine Fettleber und ihre Folgeerkrankungen lange schmerzfrei. Symptome wie Druck im Oberbauch entstehen beim Anschwellen der Leber durch Spannung in der Kapsel, die das Organ umhüllt. Müdigkeit gilt als „Schmerz der Leber".

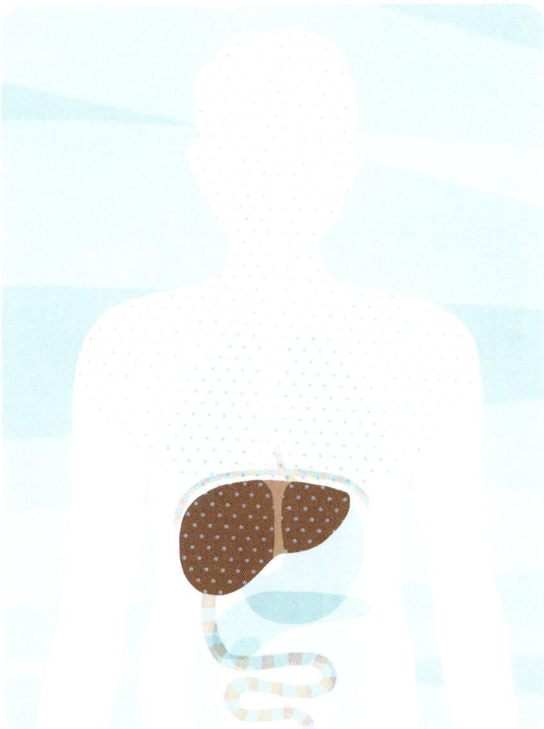

Mehr kann nur das Herz

Fast 2000 Liter Blut strömen Tag für Tag durch die Leber – damit gehört sie zu den besonders gut durchbluteten Organen. Mehr Blut fließt nur durchs Herz. Zusätzlich bildet die Leber 500 bis 800 Milliliter Gallenflüssigkeit am Tag.

Ein nachtaktives Organ

Die wichtigsten Stoffwechselprozesse laufen in einem festen Rhythmus ab, der sich nach dem lokalen Sonnenstand richtet und relativ unabhängig von der Nahrungsaufnahme ist. Die aufbauende Phase erreicht nachts zwischen zwei und drei Uhr ihren Höhepunkt. Dabei nimmt die Leber etwa 15 Prozent an Größe zu. Die abbauende, gallebildende und absondernde Periode erreicht tagsüber zwischen 14 und 15 Uhr ihr Maximum.

Nachwachsend

Die große Regenerationskraft der Leber macht sich auch die Transplantationsmedizin zunutze: Bei einer Transplantation werden einem Empfänger 60 Prozent der Spenderleber eingesetzt. Nach etwa zwei Monaten ist die Leber bei beiden fast wieder bis zu ihrer ursprünglichen Größe nachgewachsen.

Nicht nachtragend

Anders als alle anderen Organe ist die Leber imstande, Schäden selbst zu reparieren. Sie erholt sich meist gut von Krankheiten wie Infektionen, wenn man ihr Ruhe gönnt und geduldig bleibt. Auch eine Fettleber kann durch eine Ernährungsumstellung vollständig heilen. Die Leber ist nicht nur ein unermüdliches Arbeitstier – sie trägt auch fast nichts nach.

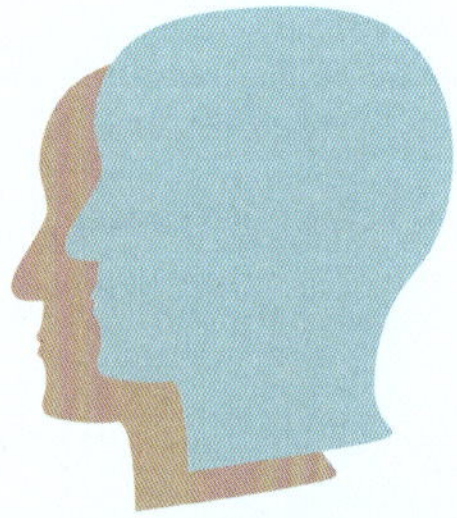

DIE LEBER ALS ORGAN DES WILLENS

Die Leber hat viel mit Befindlichkeiten zu tun. Als Zentralorgan des Stoffwechsels ist sie in der anthroposophischen Medizin die Grundlage für unseren Willen. Wenn die Leber verfettet und krank wird, fühlen sich die Betroffenen oftmals schwerfällig und müde und haben Probleme, ihre Wünsche und Vorstellungen in die Tat umzusetzen.

Ob Denken, Fühlen oder Wollen – alles, was unsere Seele kann, basiert auf Tätigkeiten der Organe. Ohne sie würden diese Seelenfähigkeiten gar nicht existieren. In der anthroposophischen Medizin wurde eine anfängliche Organpsychologie entwickelt. Wenn es um die Leber geht, spielt vor allem die gezielte Bewegung im Stoffwechsel und den Gliedmaßen eine Rolle. Das Superorgan bietet die physische Grundlage dafür, dass wir unsere Vorsätze in Taten umsetzen können. Wie ein Sinnesorgan nimmt sie wahr, was wir essen, und entscheidet dann, ob es ihr „schmeckt", also wozu es nützlich ist, ob es auf- oder abgebaut, verwendet, ausgeschieden oder entgiftet wird. Zusätzlich unterstützt die Leber den Organismus bei allem, was er tut. So stellt sie zum Beispiel Glukose zur Verfügung, damit die Muskeln arbeiten und wir ein aktives Leben führen können. Wenn wir beispielsweise spazieren gehen möchten, brauchen wir den Willen und die Kraft dazu. An beiden Prozessen ist die Leber beteiligt.

PLÖTZLICH FEHLT DER ANTRIEB

Wenn die Kräfte nachlassen, weil das sonst so starke Organ schwächelt, können Patienten mit akuten Leberentzündungen plötzlich viele Dinge nicht mehr, die sie eigentlich gern tun würden. Sie sind einfach zu schwach dafür. Ihnen fehlt der Antrieb; sie fühlen sich schwerfällig und müde. Kein Wunder, dass Leberkranke früher oft wochen- oder sogar monatelang ins Bett gesteckt wurden, damit die Leber sich erholte.
Es gibt auch andere Krankheiten, bei denen der Wille der Betroffenen geschwächt ist. Dazu gehören vor allem die verschiedenen Formen der Depression. Als konsiliarischer Internist einer großen psychosomatischen Abteilung habe ich mir über Jahre die Leberwerte depressiver Patienten angeschaut. Dabei fiel mir auf, dass bei 30 bis 40 Prozent das Bilirubin erhöht war, während die Leberwerte ansonsten im normalen Bereich lagen. Das ist ein Hinweis auf die häufigste familiäre Störung im Bilirubin-Stoffwechsel: den Morbus Meulengracht, den etwa neun Prozent der Bevölkerung haben. Eigentlich handelt es sich dabei um eine harmlose Störung im Leberstoffwechsel, die nur auf eine leichte Schwächung des Organs hindeutet. Sie gewinnt aber offensichtlich an Bedeutung, wenn sie zusammen mit Depressionen auftritt. Es lohnt sich also, bei Menschen, die unter Depressionen leiden, den Leberstoffwechsel zu stärken.

MIT VERSTÄNDNIS UND VERTRAUEN

Der Zusammenhang zwischen Psyche und Leber erklärt auch Beobachtungen, die ich in meiner Praxis immer wieder mache: Ob es um bessere Ernährung, weniger Alkohol oder mehr Bewegung geht – Menschen mit einer Fettleber haben große Mühe, gut gemeinte ärztliche Ratschläge in die Tat umzusetzen. Ärztinnen und Ärzte sollten deshalb vertrauens- und verständnisvoll mit ihren Patienten zusammenarbeiten. Uns fehlt heute ganz und gar eine Organpsychologie. Auf diesem Feld benötigen wir in Zukunft weitere Forschung.

Wissen aus der Antike: die Prometheus-Sage

Dass die Leber mit dem menschlichen Willen zusammenhängt, hat bereits in der griechischen Mythologie Niederschlag gefunden: Der Sage nach geriet der eigenwillige, kluge Prometheus mit Zeus in Streit, weil der „Vorausdenker" den Göttern das Feuer gestohlen und zu den Menschen gebracht hatte. Zur Strafe ließ ihn der Göttervater an einen Felsen ketten, an den jeden Tag ein Adler kam, um ihm ein Stück Leber wegzufressen. Da das Organ sich nachts unablässig erneuerte (schon in der Antike wusste man offensichtlich von der fantastischen Regenerationsfähigkeit der Leber), hatte der Vogel lange etwas davon. Zeus bestrafte also Prometheus, indem er ihm die Leber als Grundlage und Symbol seines Eigenwillens zerstören ließ.

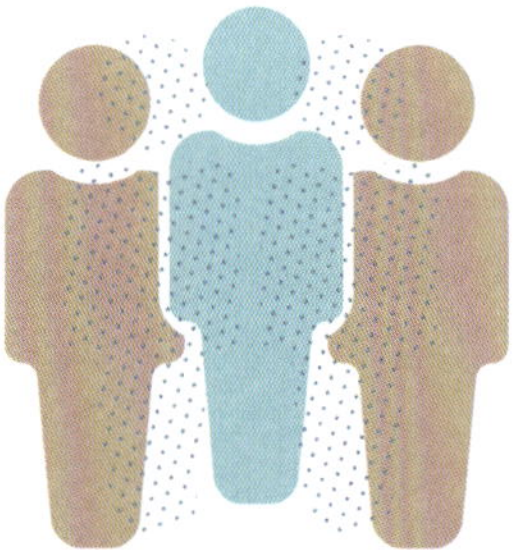

FETTLEBER: DIE UNTERSCHÄTZTE VOLKSKRANKHEIT

Sie ist schmerzfrei, entwickelt sich in aller Stille und erhöht das Risiko für eine ganze Kette von Krankheiten. Denn eine Fettleber löst eine gesundheitliche Schieflage aus, die den gesamten Organismus betrifft. Sie kann jeden treffen und sollte als Alarmsignal mit Aufforderung gesehen werden: Ändere deinen Lebensstil!

Mein Patient war sehr erschrocken. Bis zu seinem letzten Besuch beim Hausarzt hatte er sich nicht schlecht gefühlt. Als Genussmensch, wie er sich selbst bezeichnete, trank er gern Alkohol. Er frühstückte ausführlich mit Marmeladenbrötchen, Instant-Cappuccino und einem großen Glas Orangensaft. Für zwischendurch stand auf seinem Schreibtisch meist ein Teller Kekse bereit. Mittags wählte er Deftiges in der Kantine. Unterwegs gab es Butterbrote mit Käse. Den Nachmittag versüßte sich der 54-jährige Bauingenieur mit Kuchen und stärkte sich zum Abendessen am liebsten mit Wurstbroten und Bier. „Eine ganz normale Ernährung", befand er, und trotzdem hatte sein Hausarzt eine Fettleber diagnostiziert. Damit hatte mein Patient nicht gerechnet.

LEBERMAST MIT KOHLENHYDRATEN

Im Ultraschall erkannten wir, dass seine Leber bereits um 70 Prozent vergrößert war. Das sogenannte Echomuster, das den Gewebeaufbau zeigt, war „homogen verdichtet" („helle" Leber). Das ist ein Zeichen für Fetteinlagerungen. Sein Fettleber-Index (siehe Seite 23), der im gesunden Zustand nicht über 60 liegen sollte, betrug mehr als 90, was ebenfalls ein recht deutlicher Hinweis auf eine Fettleber ist. Dass er mit seiner kohlenhydratreichen Kost eine regelrechte Lebermast betrieb, war ihm nicht klar. Deshalb wäre er auch nie auf die Idee gekommen, seine Leber gezielt durchchecken zu lassen. Insofern hatte der Mann mit dem Zufallsbefund seines Hausarztes Glück. Denn die Blutwerte der Leber lagen noch in der Norm und so befand sie sich trotz der Übergröße in einem Zustand, in dem man sie leicht heilen konnte. Das klappte in diesem Fall hervorragend: Der Patient stellte seine Ernährung um, bewegte sich mehr, reduzierte Alkohol und Fruchtsäfte und nahm zehn Kilo ab. Dabei „schrumpfte" seine Leber wieder auf ihre Originalgröße und der Fettleber-Index rutschte in den Normalbereich. Klar, dass mein Patient gut motiviert war und weitermachte. Das ist nicht immer so. Oft wird das Leiden zu spät entdeckt, dann meist noch verharmlost und nicht rechtzeitig behandelt, weil viele die gefährlichen Folgen nicht kennen.

IMMER MEHR BETROFFENE

In Sachen Lebergesundheit hat uns das Wohlstandswachstum in den letzten Jahrzehnten leider nicht viel gebracht. Im Gegenteil: Unser wichtigstes Stoffwechselorgan muss immer früher gegen die Auswüchse der Überflussgesellschaft ankämpfen. Ohne dass sie es wissen, verfettet die Leber bei immer mehr Menschen.

Die Fettleber (medizinisch: Steatosis hepatis) ist besonders in der westlichen Welt verbreitet, Tendenz steigend. In den Industrienationen leidet heute etwa ein Drittel der Erwachsenen unter einer Fettleber; sie kann aber auch schon bei übergewichtigen Kindern und Jugendlichen auftreten. Das führt dazu, dass schwere Lebererkrankungen weltweit auf dem Vormarsch sind. Bei jüngeren Menschen zwischen 25 und 45 Jahren sind sie sogar die häufigste Todesursache. Schätzungen zufolge werden in den USA und in Europa im Jahr 2025 über 55 Millionen Menschen an einer Leberentzündung leiden, die nicht auf Alkoholmissbrauch basiert. Die nicht-alkoholische Fettleber gilt als die am stärksten zunehmende Lebererkrankung in Deutschland. Am häufigsten trifft es Männer mit starkem Übergewicht (insbesondere in Form von Bauchfett), einem dauerhaft erhöhten Blutzuckerspiegel, Bluthochdruck und erhöhten Blutfettwerten.

WENN DIE LEBER AN IHR LIMIT KOMMT

Was genau steckt dahinter? In einer Fettleber kommt es, wie der Name schon vermuten lässt, zu Fettablagerungen in den Leberzellen. Obwohl das Power-Organ rund um die Uhr auf Hochtouren schuftet, um alles zu verarbeiten, was wir dem Körper zuführen, gelangt es bei Dauerüberlastung an sein Limit. Dann entsteht eine chronische Stoffwechselerkrankung, die die ansonsten sehr vielfältigen Funktionen der Leber einschränkt. Die Zellen lagern Fett ein. Die Leber schwillt an und ist irgendwann nicht mehr in der Lage, ihre wichtigen Aufgaben (siehe Seite 6 ff.) zu erledigen. Das kann langfristig eine ganze Reihe von Krankheiten wie in einer Kettenreaktion auslösen. Die Fetteinlagerungen bringen nicht nur die Leber selbst in Gefahr, weil sie zu Entzündungen, Leberzirrhose oder Leberkrebs führen können. Sie erhöhen auch massiv das Risiko für Diabetes, Schlaganfall, Herzinfarkt und viele chronische Krankheiten.

FORMEN DER FETTLEBER

Die Ursachen dafür liegen nicht allein im übermäßigen Alkoholkonsum, wie es meist angenommen wird. Immer häufiger muss die Leber unter schlechter Ernährung leiden. Ob jemand eine sogenannte alkoholische Fettlebererkrankung (abgekürzt AFLD für Alcoholic Fatty Liver Disease), die etwa zehn Prozent der Bevölkerung trifft, oder eine nicht-alkoholische (NAFLD für Non-alcoholic Fatty Liver Disease) hat, ist am Anfang nicht ohne Weiteres zu unterscheiden. Die Leberzellen verändern sich in beiden Fällen sehr ähnlich. Wenn der Alkoholkonsum bei Männern unter 20 Gramm und bei Frauen unter 10 Gramm täglich liegt, scheidet Alkohol als Ursache aus. Noch vor wenigen Jahren kam die alkoholische Fettleber deutlich häufiger vor als die nicht-alkoholische. Dieses Verhältnis hat sich inzwischen eindeutig gedreht.

BAUCHFETT IST BESONDERS SCHÄDLICH

Vor allem viel Fett im Bauch begünstigt die Entwicklung einer Fettleber. Denn anders als überschüssige Einlagerungen an den Armen, Beinen oder am Gesäß verhält sich das Fett in der Körpermitte besonders zerstörerisch. In der Medizin unterscheidet man zwischen Fettzellen in der Unterhaut (subkutan) und denen, die sich in der Bauchhöhle ausbreiten (viszeral). Das Bauchfett lagert sich zwischen den inneren Organen an und sendet – ähnlich wie eine Hormondrüse – schlechte Botenstoffe in den Körper, die auch an entfernten Stellen Entzündungen auslösen können. Hinzu kommt ein weiteres Problem: Wenn die Speicherkapazitäten im Bauch erschöpft sind, muss sich das Fett, das aus überschüssigen Kalorien gebildet wird, andere Stellen suchen, an denen es sich ablagern kann. Es „wandert" in Leber, Nieren, Bauchspeicheldrüse, Herz und Blutgefäße, die für eine Fetteinlagerung eigentlich gar nicht geeignet sind. Deshalb spricht man in diesem Zusammenhang vom „verirrten" (ektopen) Fett.

INSULINRESISTENZ – EIN TEUFELSKREIS BEGINNT

Mit zu viel Bauchfett steht auch die Entstehung einer Insulinresistenz in Verbindung. Sie ist eine Vorstufe von Diabetes Typ 2 und ihrerseits ein bedeutsamer Risikofaktor für die nicht-alkoholische Fettleber. Weil das Bauchfett ständig Entzündungsfaktoren, aber auch Fettsäuren aussendet, werden die Muskel- und Fettzellen mit der Zeit durch die permanente Insulin-Dauerbeschallung „schwerhörig". Schuld daran ist ein Stoff namens Fetuin A, der die Insulinsignale an den Zellen nicht passieren lässt.

> **Tofis: verstecktes Fett, wenig Muskeln**
>
> Außen dünn, innen dick – so lautet die Beschreibung für ein Phänomen, das zunehmend auftaucht. Die sogenannten Tofis (abgekürzt vom englischen Thin Outside, Fat Inside) wirken nach außen zwar fit, weil sie normal- oder untergewichtig sind, haben aber trotzdem ein erhöhtes Gesundheitsrisiko. Die „Schlanken mit Bauch" verfügen anteilig zu ihrem Körper über zu viel Fett (vor allem in der Körpermitte) bei zu wenig Muskelmasse. Dafür ist der klassische runde Bierbauch gar nicht nötig, denn das Fett steckt zwischen und in wichtigen Organen wie zum Beispiel der Leber. Zu den Tofis gehören häufig Berufstätige, die ihren Alltag überwiegend am Schreibtisch verbringen, viel Auto fahren und möglichst jede Strecke meiden, die man zu Fuß zurücklegen könnte. Eine Untersuchung aus Finnland zeigte, wie weit das Phänomen mittlerweile verbreitet ist. Demnach gehören 34 Prozent aller normalgewichtigen Männer und 45 Prozent der Frauen zur Spezies der Tofis.

Bei einer Insulinresistenz reagieren die Zellen also nicht mehr so gut auf das Signal aus der Bauchspeicheldrüse. Es schwimmt vermehrt Zucker im Blut, weil die Muskelzellen resistent werden: ein Teufelskreis von zu viel Energie und sich selbst verstärkenden entzündlichen Prozessen. Die Leber nimmt jedoch gutmütig immer weiter Glukose aus dem Blut auf und wandelt diese in Fettablagerungen um (siehe Seite 8 f.): Eine Fettleber entsteht. Fatal ist es dann, wenn jemand gern und regelmäßig Süßes snackt, denn dann gelangt noch mehr Glukose ins Blut. Es gibt keine Pause für das System. Zudem ist bei der Insulinresistenz permanent Insulin im Blut, was den Fettabbau vollständig blockiert und das Abnehmen erschwert. Auch Gefäße und Nervenzellen werden dadurch langfristig geschädigt.

DAS METABOLISCHE SYNDROM

Die Insulinresistenz ist der zentrale Faktor für die einzelnen Symptome und Folgeerkrankungen des metabolischen Syndroms. Bei diesem „tödlichen Quartett" treten Übergewicht, Bluthochdruck, Zucker- und Fettstoffwechselstörungen gleichzeitig auf. Vor allem starkes Übergewicht mit einem Body-Mass-Index von mehr als 30 erhöht das Risiko enorm. Jede der vier „Volkskrankheiten" des metabolischen Syndroms kann allein eine Fettleber fördern. Treten sie zusammen auf, verstärken sich die Wirkungen untereinander und üben von verschiedenen Seiten Druck auf die Leber aus. Fast alle Patienten mit der Diagnose „metabolisches Syndrom" haben auch eine Fettleber.

WEGE AUS DER ABWÄRTSSPIRALE

Es ist zwar schwierig, dieser Spirale zu entkommen, doch es geht. Bei einer Ernährungsumstellung mit längeren Esspausen oder latentem Kalorienmangel (wie 800-Kalorien-Fastentagen) werden von der Leber weniger Fettsäuren aufgenommen und es wird auch mehr Fett abge-

GEWICHT UND BAUCHUMFANG

Wenn es darum geht, ein gesundes Gewicht zu definieren, wird der Body-Mass-Index nach wie vor herangezogen, weil er die Größe eines Menschen ins Verhältnis zu dem setzt, was er auf die Waage bringt. Das erleichtert die Definition und wird unter anderem genutzt, um den Fettleber-Index (siehe Seite 23) zu ermitteln. Der BMI lässt sich nach folgender Formel leicht berechnen:

BMI = Körpergewicht in kg ÷ (Körpergröße in m)²

Das heißt: Sie teilen Ihr Körpergewicht in Kilogramm durch Ihre Körpergröße in Metern zum Quadrat. Wenn Sie zum Beispiel 1,85 Meter groß sind und 90 Kilo wiegen, rechnen Sie so:

90 ÷ (1,85 x 1,85) = 26,3

Damit liegen Sie im Bereich des leichten Übergewichts. Zwischen 18,5 und 24,9 gilt als Normalgewicht. Ab 45 Jahren ist ein BMI bis 27 als normal anzusehen.

Der BMI gibt nur eine grobe Orientierung
Anhand der Tabelle können Sie sich grob orientieren, wo Sie stehen. Letztendlich ist dieser Wert aber irreführend, denn er berücksichtigt weder den Fettanteil noch die Fettverteilung. Wer wenig Muskeln, aber viel Bauchfett hat, kommt daher auf bessere Werte als ein durchtrainierter Mensch mit einer starken Muskulatur und einer schlanken Körpermitte. Wenn es um die Lebergesundheit geht, sollten Sie sich deshalb nicht nur auf die Feststellung „Mein BMI ist im grünen Bereich“ oder „Ich bin ja schlank“ verlassen. Selbst bei Gesundheits-Check-ups in der Arztpraxis können Sie damit durch das Raster fallen, denn die Zusammenhänge sind wenig bekannt.

Messen Sie Ihren Bauchumfang
Besser schneidet da die Messung des Taillenumfangs ab. Dafür legen Sie einfach ein Zentimetermaß etwa in Höhe des Bauchnabels um den Bauch und messen den Umfang. Bei Frauen sollte er nicht mehr als 80 Zentimeter betragen und bei Männern unter 94 liegen. Übersteigt er bei Frauen 88 und bei Männern 102 Zentimeter, ist das Risiko für viele Krankheiten bereits erhöht. Am besten kombinieren Sie beide Messverfahren (Bauchumfang und BMI) als Richtwerte. Ihre Ärztin oder Ihr Arzt sollte weitere Werte wie Blutdruck und Cholesterinspiegel sowie Ihren Lebensstil und genetische Veranlagungen berücksichtigen.

BMI	18,5	25	30	35	40	
	Untergewicht	Normalgewicht	Übergewicht	Adipositas Grad I	Adipositas Grad II	Adipositas Grad III
Gesundheitsrisiko		durchschnittlich	gering erhöht	erhöht	hoch	sehr hoch

Diese Medikamente sind Gift für die Leber

Eigentlich sollen sie Leiden lindern, doch für die Leber sind viele Medikamente schädlich. Dazu gehören Mittel wie Amiodaron, Glukokortikoide oder Tamoxifen sowie frei verkäufliche Schmerzmittel (Ibuprofen, Diclofenac, Paracetamol), nichtsteroidale Antirheumatika (NSAR) und Antibiotika, deren Wirkstoffe die Leber filtern muss. Die Einnahme ist nicht sofort gefährlich. Wie so oft in der Medizin macht die Dosis das Gift. Solange die Leber fit ist, kommt sie damit zurecht, wenn die Werte kurzfristig steigen. Werden Medikamente aber lange Zeit unkontrolliert zu hoch dosiert und ohne Absprache mit dem Arzt eingenommen, steigt das Risiko für Leberschäden. Das gilt auch, wenn die Leber bereits krank ist. Noch kritischer wird es, wenn mehrere Medikamente zusammenkommen. Sprechen Sie unbedingt mit Ihrer Ärztin oder Ihrem Arzt darüber, was Sie einnehmen. Manche Patienten verschweigen Schmerzmittelkonsum aus Scham. Das kann sie in Lebensgefahr bringen.

baut. Zucker gelangt zu den Organen, die ihn als Treibstoff brauchen: Es gibt kein Zuviel,das die Leber bunkern muss. Die Blutzucker- und damit auch die Insulinwerte sinken. Das Abnehmen gelingt nun auch leichter, was wiederum das Entzündungsgeschehen mildert. Eine Bewegungstherapie bewirkt ebenfalls wahre Wunder. Denn: Sportliche Belastung führt zu einem gesteigerten Abbau von Glukose und Fettsäuren in den Muskeln und der Leber. Die Insulinsensitivität wird gesteigert, der Blutzucker gesenkt. Allerdings ist Sport nicht so effektiv wie eine Ernährungstherapie oder Diät.

SELTENE URSACHEN FÜR EINE FETTLEBER

Aber nicht nur falsche Ernährung, regelmäßiger Alkoholkonsum und zu wenig Bewegung verursachen eine Fettleber. In seltenen Fällen sind bestimmte Medikamente für die Entstehung verantwortlich (siehe Kasten). Bei wenigen Patienten spielen auch Gendefekte eine Rolle. Vor allem bei Schlanken kann das Erbgut der Auslöser sein. Auch Industriegifte können der Leber zusetzen, wenn man ihnen lange Zeit ausgesetzt ist. Darüber hinaus kommen verschiedene Krankheiten oder medizinische Eingriffe als seltene Auslöser einer Leberverfettung infrage:

- Schlafapnoe-Syndrom
- Polyzystisches Ovarsyndrom (eine Erkrankung des Hormonsystems)
- Zöliakie
- Morbus Crohn
- Eisenmangelkrankheit
- Magen-Darm-Operationen
- künstliche Ernährung über Sonden
- Mangelernährung, vor allem wenn Proteine fehlen

STADIEN DER LEBERVERFETTUNG

Bei einer gesunden Leber sind weniger als fünf Prozent der Zellen verfettet. Trifft es mehr, spricht man von einer Leberverfettung, bei mehr als 50 Prozent von einer Fettleber. Die Erkrankung wird in drei Grade eingeteilt: Bei der milden Fettleber lagert sich in weniger als einem Drittel der Zellen Fett ein, bei der mäßigen sind es weniger als zwei Drittel, danach ist das Stadium der schweren Fettleber erreicht. Die Leber schwillt immer mehr an, ihr Gewicht kann auf das Doppelte anwachsen. Mit 75 bis 80 Prozent ihrer Leistungsfähigkeit kann die Stoffwechselzentrale noch arbeiten, ohne dass die Verfettung bemerkt wird und ohne dass es zu entzündlichen Reaktionen kommt. In dieser Phase treten keine Symptome auf, das Befinden der Patienten wird nicht beeinträchtigt.

FETTLEBERHEPATITIS UND -ZIRRHOSE

Bis zu 30 Prozent der Patienten mit einer nicht-alkoholischen Fettleber laufen Gefahr, dass sich eine Entzündung entwickelt: eine nicht-alkoholische Fettleberhepatitis (abgekürzt NASH für Non-alcoholic Steatohepatitis). Durch die Entzündung werden die Zellen geschädigt und die Leber verliert ihre Elastizität (Fibrose). In diesem Stadium kann die Entzündung abklingen und die Leber sich noch komplett erholen, wenn die Betroffenen ihre Ernährung und ihren Lebensstil konsequent ändern. Geschieht dies nicht und schreitet die Entzündung weiter voran, sind die Folgen für die Leber katastrophal: Immer mehr Leberzellen werden dann durch funktionsloses Bindegewebe ersetzt. Es entsteht eine Fettleberzirrhose, die irreversibel ist. In diesem Zustand verfügt die Leber nur noch über zwei bis sieben Prozent ihrer ursprünglichen Leistungsfähigkeit. Schlimmstenfalls hat eine Leberzirrhose ein chronisches Leberversagen zur Folge (in etwa zehn Prozent der Fälle); dann ist eine Lebertransplantation die einzige Rettung. In den USA ist der Anteil an Transplantationen, die wegen einer Fettleberzirrhose durchgeführt wurden, von 2004 bis 2013 um 170 Prozent gestiegen. Eine Zahl, die deutlich macht, wie ernst man eine Fettleberhepatitis nehmen muss.

GEFAHR VON LEBERKREBS

Bei einer Leberzirrhose steigt vor allem auch die Gefahr, an Leberkrebs zu erkranken. Patienten mit Leberzirrhose haben ein Risiko von bis zu vier Prozent pro Jahr, dass sich bei ihnen ein hepatozelluläres Karzinom entwickelt (siehe Seite 29). Während Leberkrebs früher eher selten war, ist die Zahl der Leberkrebspatienten in vielen europäischen Ländern und in den USA in den letzten 35 Jahren stark gestiegen. Allein in Deutschland erkranken jedes Jahr mehr als 9000 Menschen daran. Männer sind häufiger betroffen als Frauen. Wenn eine Leberzirrhose und Leberkrebs zusammenkommen, ist es oft nicht mehr möglich, einen Tumor operativ zu entfernen, weil die Leber kaum noch funktionsfähiges Gewebe besitzt.

WENN DIE LEBER VERFETTET

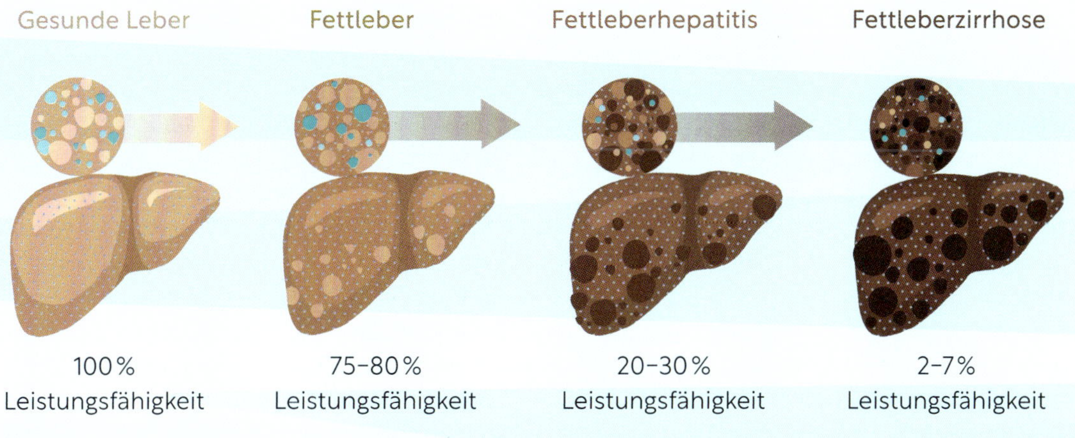

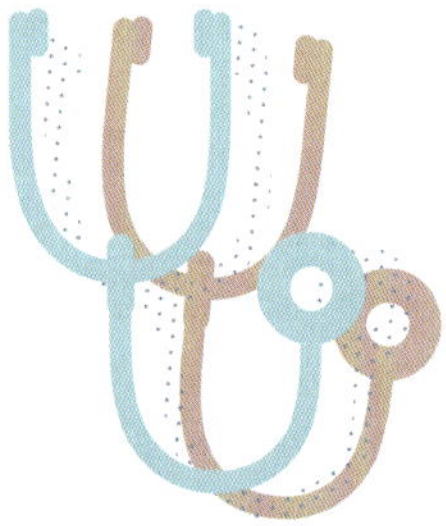

DIAGNOSE: SO WIRD EINE FETTLEBER FESTGESTELLT

Um einer Fettleber rechtzeitig auf die Spur zu kommen, sollte man nicht warten, bis Symptome auftreten. Mit Ultraschall, Blutuntersuchungen und dem sogenannten Fettleber-Index können Ärztinnen und Ärzte Lebererkrankungen früh erkennen.

In den meisten Fällen ist die Diagnose einer Fettleber ein Zufallsbefund. Denn wenn die Leber ihre inneren Werte verändert, erfahren ihre Besitzer lange nichts davon. Die Leber hat keine Schmerzrezeptoren und tut deshalb nicht weh. Symptome wie Müdigkeit, Konzentrationsschwierigkeiten, Völlegefühl, Blähungen oder Druck im Oberbauch weisen nicht eindeutig auf eine geschwächte oder kranke Leber hin. Ob falsche Ernährung, zu viel Alkohol, negativer Dauerstress oder Medikamente mit Nebenwirkungen: Für unsere Stoffwechselzentrale spielt es zunächst keine Rolle, was die Ursache ist. Wie ein geduldiges Arbeitstier schuftet sie einfach weiter. Niemand merkt, dass sie sich dafür zunehmend anstrengen muss.

JE FRÜHER, DESTO BESSER

In dieser Phase wäre Hilfe höchst willkommen, denn bei der Diagnose gilt: Je früher Probleme erkannt werden, desto besser. Vor allem im Anfangsstadium lassen sich erste Störungen in den Leberzellen sehr gut behandeln – meist einfach, aber wirkungsvoll mit kleinen Veränderungen im Lebensstil. Ärztin oder Arzt wird zunächst eine Anamnese machen, also nach der Vorgeschichte, Beschwerden und eventuellen Krankheiten fragen. Dabei geht es unter anderem um Ernährung, Alkoholkonsum, Medikamente, Gewicht und Vorerkrankungen wie Diabetes. Bei einer körperlichen Untersuchung wird der Bauch abgetastet – dabei zeigen sich eventuell schon Auffälligkeiten. Ärztin oder Arzt achtet auf eine mögliche Lebervergrößerung, einen abgerundeten Leberrand und in fortgeschrittenen Stadien auf Leberhautzeichen wie Rötung der Handinnenflächen und sogenannte Lebersternchen (siehe Seite 27). Anschließend wird eine Blutuntersuchung und ein Ultraschall (Sonografie) der Leber gemacht. Eventuell erfolgt danach eine Elastografie zur Einschätzung der Lebersteifigkeit (Grad der Fibrose). Nur in sehr seltenen Fällen ist eine Gewebeprobe erforderlich.

IM ULTRASCHALL SIEHT MAN VERGRÖSSERUNGEN

Bevor die ersten Symptome auftreten, lässt sich eine Fettleber mithilfe eines Ultraschallgeräts erkennen. Der Ultraschall ist die wichtigste Untersuchung, um eine Fettleber nachzuweisen. Häufig geschieht dies zufällig im Rahmen einer Vorsorgeuntersuchung. Ist das Organ vergrößert, spricht schon sehr viel dafür, dass es verfettet ist. Sind bei der Blutuntersuchung alle Leberwerte normal und even-

Die wichtigsten Leberwerte im Blutserum

Wenn Ärztinnen oder Ärzte die Leberwerte überprüfen, checken sie fünf verschiedene Blutwerte. Gibt es dabei eine oder mehrere Abweichungen von den Normalwerten, kann dies ein Hinweis auf eine Funktionsstörung oder Erkrankung der Leber sein.

Wert	Referenzbereiche männlich | weiblich	Einheit
Gamma-GT	<60 | <40	U/l
GOT	<50 | <35	U/l
GPT	<50 | <35	U/l
Bilirubin gesamt	bis 1	mg/dl
Albumin	35 – 52	g/l

tuell nur der Wert der Gamma-Glutamyltransferase (GGT) erhöht, spricht das für eine reine Fettleber. Weisen allerdings auch die sogenannten Transaminasen (GOT, GPT) im Blut erhöhte Werte auf, kann eine chronische Entzündung der Leber vorliegen. Das spricht dann zusammen mit dem Ultraschall für eine Fettleberentzündung. Mithilfe des De-Ritis-Quotienten (GOT/GPT) unterscheiden Mediziner zwischen einer nicht-alkoholischen (< 1) und einer alkoholischen Fettleberentzündung (>2). Das kann keine andere Untersuchung leisten, nicht einmal eine Gewebeprobe. Es ist aber für die Therapie sehr wichtig.

DEN FETTLEBER-INDEX SELBST BESTIMMEN

Zusätzlich kommt der sogenannte Fettleber-Index (Fatty Liver Index, FLI) zum Einsatz, der als relevante Entscheidungshilfe gilt. Er setzt sich aus verschiedenen Werten zusammen. Dazu gehören der Body-Mass-Index (BMI) und der Taillenumfang (siehe Seite 19). Im Blut ermittelt Ärztin oder Arzt die Werte der Triglyzeride (TG) und die Gamma-GT (GGT).
Was hat es damit auf sich? Bei den Triglyzeriden handelt es sich um sogenannte Neuralfette im Blut. Gamma-GT gehört zu den Leberwerten und kommt in den kleinen Gallengängen, aber auch in anderen Organen vor. Wer diese beiden Werte kennt (sie stehen im Laborbefund oder Sie fragen in der Arztpraxis danach), kann den eigenen Fettleber-Index bestimmen. Der eignet sich zur Beurteilung eines Verlaufs der Fettleber und wird per Score aus Triglyzeriden in mg/dl, Gamma-GT in U/l, Gewicht in Kilogramm sowie der Körpergröße und dem Bauchumfang in Zentimetern gebildet.
Im Internet finden Sie unter dem Stichwort „FLI-Rechner“ entsprechende Tests. Geben Sie Ihre Werte dort ein und drücken Sie auf „Berechnen“. Liegt das Ergebnis über 60, haben Sie mit großer Wahrscheinlichkeit eine Fettleber. Ein Wert unter 30 bedeutet mit ziemlicher Sicherheit, dass alles in Ordnung ist. Mit einem Fettleber-Index zwischen 30 und 60 liegen Sie im Graubereich und sollten eine Ultraschalluntersuchung machen lassen.

EINSCHÄTZUNG DES FIBROSE-SCORES

Ein anderer Wert zur Beurteilung des Krankheitsverlaufs ist die Einschätzung des Fibrose-Scores (NAFLD-Fibrosis-Score). Er setzt sich aus Alter, BMI, Blutzucker, Thrombozyten, Albumin und dem GOT/GPT-Quotienten zusammen und wird auf einer Skala von 0 bis 4 gemessen. Grad 4 entspricht dabei einer Leberzirrhose. Den Fibrose-Score finden sie im Internet unter: www.nafldscore.com.

PATIENTENFALL: ABNEHMEN ALS OBERSTES GEBOT

Auch bei den NDR-Ernährungs-Docs zeigte sich bei einem meiner Patienten, wie effektiv eine Ernährungsumstellung eine Fettleber heilen kann.

Besser geht es gar nicht: Bei den Ernährungs-Docs kam Carlo B. mit einer kranken Leber in die Sendung und ging fünf Monate später mit einem gesunden Organ wieder heraus. Als er die Diagnose bekam, war für den 59-Jährigen klar: „Das hört sich nicht gut an. Ich muss etwas ändern." Der Hausarzt des Finanzbeamten hatte bei einer Routineuntersuchung eine nicht-alkoholische Fettleber festgestellt. Bis dahin war Carlo B. davon ausgegangen, dass diese Zivilisationskrankheit nur Menschen mit sehr starkem Übergewicht trifft. Bei den Ernährungs-Docs brachte ein Ultraschallbild an den Tag, womit Carlo B. nicht gerechnet hatte: In seiner Leber herrschte Alarm. Vor allem zu viele Kohlenhydrate hatten dafür gesorgt, dass das Organ Fett eingelagert hatte und daher angeschwollen war. Sein Fettleber-Index (siehe Seite 23) betrug 94: In diesem Bereich besteht die Gefahr einer Entzündung, einer Leberzirrhose oder sogar von Leberkrebs. Mit den Jahren hatten sich die Kilos bei Carlo B. langsam angesammelt. Das gelegentliche Bier am Feierabend war nicht sein Problem; die Ursachen für seine Fettleber waren falsche Ernährung und zu wenig Bewegung. Nur eine Ernährungsumstellung und Sport würden das kranke Organ heilen können.

FAHRPLAN FÜR EINE „GLÜCKLICHE LEBER"

Für Carlo B. hieß das: Als Fastenkur für seine kranke Leber sollte er sechs Wochen lang an jeweils zwei Tagen nur 800 Kalorien zu sich nehmen. Zum Beispiel: morgens eine Tasse schwarzen Kaffee, 150 Gramm Naturjoghurt mit einer Handvoll Beeren, mittags zwei gekochte Eier mit Chicoréesalat und abends einen Teller Gemüsesuppe mit einer halben Scheibe Vollkornbrot. Auch die anderen Tage wurden zur Herausforderung: Da gab es zwei Mahlzeiten pro Tag – jeweils mit viel Gemüse und Eiweiß. Dazwischen standen lange Esspausen ohne Snacks auf dem Programm. Außerdem musste sich Carlo B. täglich bewegen. Das Ziel war, 10 000 Schritte am Tag zu schaffen. Carlo machte mittags Skigymnastik im Schulungsraum – was ihm tatsächlich Spaß bereitete. Die Kalorienfasten-Kur gelang ihm zwar nicht. Dafür schaffte er es aber, in dieser Zeit regelmäßig das Mittagessen ausfallen zu lassen und stattdessen einen Eiweißshake zu trinken. Zu Hause kamen abends Salat mit magerem Fleisch und Gemüse auf den Tisch. Nach zehn Wochen waren die ersten zehn Kilo weg. Und die Leber? Zur Kontrolle nach fünf Monaten brachte Carlo B. 17 Kilo weniger auf die Waage. Auch sein Fettleber-Index hatte sich normalisiert – statt bei 94 lag er jetzt bei 35. Carlo B. konnte es kaum glauben: Seine Leber war wieder völlig gesund.

FETTLEBER: PROGNOSEN UND KOMPLIKATIONEN AUF EINEN BLICK

Die gute Nachricht zuerst: Eine reine Fettleber (NAFLD) und auch eine Fettleberhepatitis (NASH) mit nur anfänglicher Fibrose (Versteifung der Leber; Stadium 0 bis 2 von 4 Stadien) sind komplett heilbar.

Die Prognose der NAFLD ist entscheidend vom Stadium der Fibrose abhängig. Eine NAFLD nimmt durchschnittlich in 14 Jahren um einen Fibrosegrad zu, eine NASH in 7 Jahren. Das Stadium 4 der Fibrose entspricht einer Leberzirrhose. Diese ist nicht mehr heilbar und es besteht ein deutlich erhöhtes Risiko für die Entwicklung eines hepatozellulären Karzinoms (Leberkrebs, HCC).

Das Risiko für das Fortschreiten einer Fettleber steigt mit Adipositas, Alkohol-, konsum, höherem Alter, Insulinresistenz und Leberentzündung.

Dramatisch wird es, wenn schon Folgeerkrankungen der NAFLD als Komplikationen aufgetreten sind – wie Bluthochdruck, Arteriosklerose, Diabetes Typ 2, metabolisches Syndrom, obstruktives Schlafapnoe-Syndrom und Schilddrüsenfunktionsstörungen. Diese Folgekrankheiten müssen durch eine rechtzeitige Behandlung der NAFLD unbedingt vermieden werden.

Die Fettleberkrankheit ist ernst zu nehmen und sollte nicht als harmlose „Modekrankheit", die ja fast jeder hat, abgetan werden. Unbemerkt, weil anfänglich symptomlos, schreitet sie voran und führt dann zu gravierenden, ja tödlichen Folgen. Deshalb ist jede diagnostizierte Fettleber umgehend zu behandeln!

TYPISCHE HINWEISE AUF EINE KRANKE LEBER

Die Leber schreit bekanntlich nicht laut, wenn es ihr schlecht geht. Doch es gibt Anzeichen, die im fortgeschrittenen Stadium der Leberverfettung auf ernsthafte Erkrankungen hindeuten. Bei diesen Warnsignalen sollten Sie aufmerksam sein:

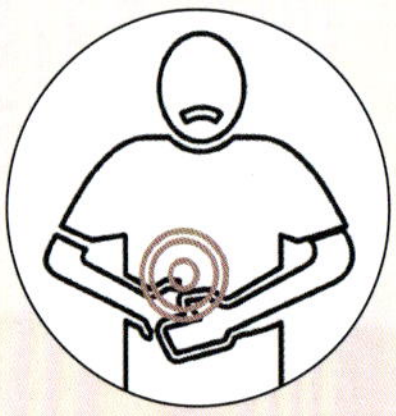

DRUCKGEFÜHL IM OBERBAUCH

Im Anfangsstadium macht sich eine Fettleber so gut wie gar nicht bemerkbar. Wenn das Organ aber anschwillt, können Patienten das zwar nicht direkt, aber auf Umwegen über die Leberkapsel spüren. Die bindegewebsartige Außenhülle der Leber, die das weiche Organ zusammenhält, hat sensible Nervenenden, die Schmerzen im rechten Oberbauch auslösen, wenn die Leber sich vergrößert. Im fortgeschrittenen Stadium werden die Druck- oder Völlegefühle stärker. Auch Blähungen oder Durchfall können Hinweise sein.

APPETITLOSIGKEIT UND GEWICHTSVERÄNDERUNGEN

Schlechte Ernährung mit zu viel Süßigkeiten, Fertigprodukten, Fast Food und ungesunden Kohlenhydraten in Kombination mit zu wenig Bewegung gelten als Hauptursache für eine Fettleber. Weniger bekannt ist die Tatsache, dass nicht nur Übergewicht, sondern auch eiweißarme Diäten, strenges Fasten oder ein sehr rascher Gewichtsverlust eine Fettleber hervorrufen können (man spricht dann von einer Mangelfettleber). Übelkeit und Appetitlosigkeit gehören deshalb ebenfalls zu möglichen Symptomen, an denen sich gefährliche Entwicklungen erkennen lassen.

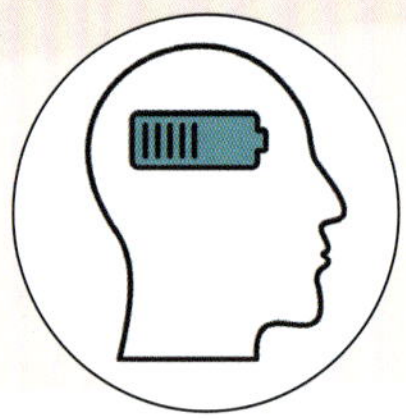

MÜDIGKEIT UND ABGESCHLAGENHEIT

Schlafstörungen, Müdigkeit, fehlender Antrieb oder Konzentrationsstörungen weisen nicht direkt auf eine Lebererkrankung hin. Auch Leistungsabfall ist häufig ein subjektives Gefühl und kein eindeutiges Zeichen. Solche Symptome treten auch bei vielen anderen Krankheiten oder Überlastungen auf. Dennoch gilt Müdigkeit als „Schmerz der Leber". Wer sehr haufig müde ist, eventuell ein erhöhtes Risiko für eine Fettleber aufweist und einen entsprechenden Verdacht hat, sollte eine Ärztin oder einen Arzt aufsuchen. Eine Ultraschallkontrolle und die Bestimmung der Leberwerte bringen Klarheit.

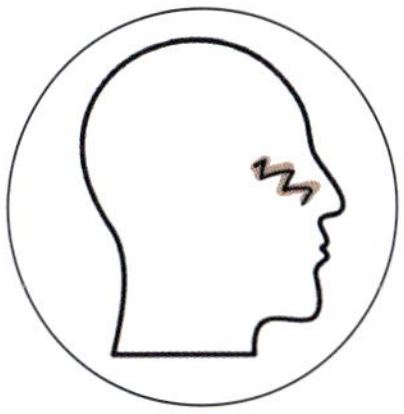

LEBERSTERNCHEN

Lebersternchen – dieser Begriff hört sich fast niedlich und harmlos an, ist aber bereits ein deutliches Zeichen für eine geschädigte Leber. Dabei handelt es sich um sternförmige Gefäßerweiterungen, die vor allem an Kopf, Hals, Brust oder Armen auftreten. Im Gesicht zeigen sich die spinnenartigen Äderchen häufig zuerst an Druckstellen unter der Brille. Wahrscheinlich entstehen diese Zeichen durch gefäßaktive Substanzen, die auftreten, wenn die Leber erkrankt. In Einzelfällen treten sie aber auch bei Gesunden oder bei Frauen im ersten Drittel der Schwangerschaft auf. Wenn die Leber sich wieder erholt, verschwinden die Sternchen.

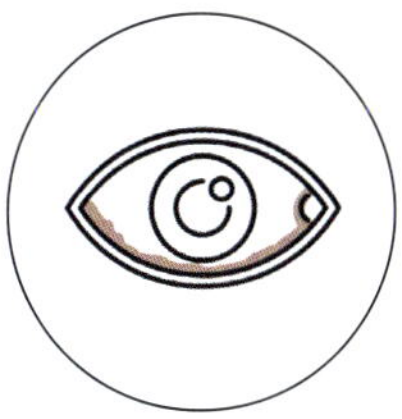

VERFÄRBUNG VON AUGEN, STUHL UND URIN

Sogenannte gelbe Augen sind ein klares und alarmierendes Warnzeichen. Sie entstehen, wenn die Bindehaut sich verfärbt, und deuten auf eine akute virusbedingte Hepatitis oder auf eine Leberzirrhose hin, die sich bereits im fortgeschrittenen Stadium befindet. Dafür ist der Farbstoff Bilirubin verantwortlich, der beim Abbau ausgedienter roter Blutkörperchen entsteht (siehe Seite 7). Auch wenn der Stuhl farblos oder lehmfarben wird und der Urin dunkel gefärbt ist, sollte man unbedingt eine Ärztin oder einen Arzt aufsuchen.

WARNUNGEN AUS DEM BAUCH

Was sagt das sprichwörtliche Bauchgefühl? Wenn die Gesundheit der Leber in Gefahr ist, können Magen und Darm zeitig Hinweise geben. So sind zum Beispiel Druck- und Völlegefühle, Blähungen und Magenschmerzen typische Symptome. Im Bauchraum machen sich Wassereinlagerungen dadurch bemerkbar, dass sich der Bauch vorwölbt. Weiteres Warnzeichen sind Venen, die sich um den Nabel abzeichnen (Caput medusae), und häufige Blutergüsse.

Was die Haut verrät

Haut und Leber sind eng verbunden. Deshalb zeigen sich schwere Störungen wie eine Fettleberentzündung häufig im Hautbild. Dazu zählen unter anderem:

- dauerhafte Augenränder wie nach einer Nacht mit zu viel Alkohol
- gerötete Handinnenfläche (Palmarerythem), wobei insbesondere der Daumenballen und der Kleinfingerballen betroffen sind
- Gewebeverhärtungen und -verkürzungen an den Sehnen der Hohlhand (Dupuytren'sche Kontraktur), sodass die Finger nicht mehr richtig gestreckt werden können
- Gelbfärbungen der Haut
- starker Juckreiz am ganzen Körper

ANDERE LEBER-ERKRANKUNGEN

Nicht nur zu viel Fett und Alkohol setzen unserer Stoffwechselzentrale zu. Neben der Fettleber gibt es noch andere ernsthafte Lebererkrankungen, die unbedingt behandelt werden müssen. Dazu gehören Hepatitiden, Gallensteine, Leberzirrhose und Tumore.

Schlechte Ernährung, Übergewicht, zu wenig Bewegung und zu viel Alkohol machen aus einer gesunden Leber eine Fettleber. Doch das sind nicht die einzigen Gefahren, denen das Superorgan ausgesetzt ist. Die Leber kann sich, auch wenn sie nicht verfettet ist, entzünden oder vergiften. In seltenen Fällen bildet sie Tumore oder versagt ohne langjährige Vorerkrankungen.

HEPATITIS: DIE LEBERENTZÜNDUNG

Eine Hepatitis (Leberentzündung) zählt zu den häufigsten Krankheitsbildern. Die Ursachen dafür sind vielfältig und reichen von Viren und Bakterien über Pilze oder Parasiten bis zu Medikamenten und Giftstoffen. Zusätzlich gibt es angeborene Störungen. Leberentzündungen verlaufen chronisch oder treten akut auf. Eine Hepatitis kann auch die Folge einer Fettleber sein. Bei einer von Viren verursachten Leberentzündung wird zwischen fünf bekannten Typen unterschieden: A, B, C, D und E.

Hepatitis A und B

Die erste Variante, die Hepatitis A, wird vor allem durch Trinkwasser und Lebensmittel übertragen. Deshalb ist das Risiko bei Fernreisen und in Reiseländern am Mittelmeer oder in Osteuropa erhöht. Für ältere und chronisch kranke Menschen ist eine Schutzimpfung vor Urlauben in diesen Gebieten sinnvoll. Ansonsten heilt die Infektion meist von selbst aus. Das gilt auch für die Hepatitis B, die durch Speichel, Blut oder Sperma übertragen wird. Erst wenn sie chronisch wird, muss sie behandelt werden, denn dann erhöht sich das Leberkrebsrisiko. In sehr seltenen Fällen kann es auch zu akutem Leberversagen kommen.

Hepatitis C

Die Hepatitis C gilt vor allem als Folge mangelnder Hygiene und wird durch Blut übertragen. Bei Drogenabhängigen tritt sie häufiger auf, wenn Injektionsnadeln nicht steril sind. Auch bei Tätowierungen oder Piercings kann man sich in Ländern mit niedrigen Hygienestandards anstecken. Die durch das Hepatitis-C-Virus verursachte Erkrankung ist in der Regel durch Medikamente heilbar, es gibt keine vorbeugende Schutzimpfung. Unbehandelt und zu spät erkannt, kann sie schwere Leberschäden nach sich ziehen.

Hepatitis D

Hepatitis D ist weltweit verbreitet, tritt jedoch bei uns kaum auf. Das Virus ist ein sogenanntes inkomplettes Virus. Das heißt, dass es nur bei Hepatitis-B-Infizierten aktiv wird, und zwar mit schweren dauerhaften Schäden. Es wird durch Körperflüssigkeiten übertragen. Wer gegen Hepatitis B geimpft ist, hat automatisch auch einen Schutz vor Hepatitis D.

Hepatitis E

Diese Form der Leberentzündung wird von Viren über verschmutztes Wasser oder Lebensmittel übertragen. Sie tritt bei uns nur in Ausnahmefällen bei Reiserückkehrern auf. In der Regel verläuft eine Infektion mild, eventuell mit Bauchschmerzen, Fieber und Urinverfärbungen. In Deutschland gibt es keinen Impfstoff zum Schutz vor Hepatitis E.

GELBSUCHT

Die ersten erkennbaren Symptome haben für Patienten etwas Unheimliches: Augen oder Haut verfärben sich gelblich. Eine Gelbsucht (medizinisch: Ikterus) wird oft mit einer Hepatitis gleichgesetzt. Das ist aber nicht ganz richtig, obwohl beides in den meisten Fällen mit einer kranken Leber zu tun hat. Gelbsucht kann die Folge einer Leberentzündung sein; es kommen jedoch auch noch andere Ursachen wie Gallensteine oder Autoimmunkrankheiten infrage. Ikterus gilt deshalb vor allem als Symptom, mit dem man unbedingt zum Arzt gehen muss. Für die Diagnose steht Ärztinnen und Ärzten eine ganze Reihe von Möglichkeiten zur Verfügung – das reicht vom ersten Blick auf Augen und Haut, Blutuntersuchungen und Ultraschall bis zur Gewebeprobe. Deshalb ist es wichtig, beim Arztbesuch möglichst viele Begleitsymptome, Beschwerden und frühere Krankheiten mitzuteilen.

AKUTES LEBERVERSAGEN

Bei akutem Leberversagen bricht das Organ plötzlich zusammen, ohne dass es jahrelang geschädigt wurde. Dahinter können Vergiftungen, Pilze, Parasiten, zu viel Alkohol oder Viren stecken. Auch eine Schwangerschaftsvergiftung ist manchmal der Auslöser. Kommt es zum Versagen, fallen die Funktionen der Leber schrittweise aus. Das kann so weit gehen, dass die Patienten das Bewusstsein verlieren. Akutes Leberversagen muss auf jeden Fall sofort im Krankenhaus behandelt werden. Was gemacht wird, hängt dann von der Ursache ab. Wenn der Zustand des Organs sich als Folge einer Fettleber über einen langen Zeitraum verschlechtert, kann es ebenfalls zum Leberversagen kommen. Dann spricht man von einem chronischen beziehungsweise subakuten Verlauf. Eine sehr stark geschädigte Leber kann sich kaum erholen. Es ist unwahrscheinlich, dass sie wieder so arbeitet wie zuvor. In solchen Fällen gibt es nur noch eine Möglichkeit: eine Lebertransplantation. Dabei muss nicht zwangsläufig sofort das ganze Organ ersetzt werden; in manchen Fällen reicht es aus, den linken Leberlappen auszutauschen.

LEBERKREBS

Weil die Leber ein so geduldiges Organ ist, macht sich auch Leberkrebs mit relativ unspezifischen Symptomen wie Müdigkeit, Erschöpfung und Gewichtsverlust bemerkbar. Zusätzlich treten eventuell Schmerzen im Oberbauch, Gelbfärbungen der Haut oder der Augen, Wassereinlagerungen oder Blutungen auf. Im Ultraschall ist ein möglicher Tumor meist zu erkennen. Ob Veränderungen gut- oder bösartig sind, zeigt sich im ersten Schritt in anderen bildgebenden Verfahren wie MRT oder CT. Endgültig Aufschluss gibt dann eine Gewebeprobe. Ist der Tumor aus einer Zelle direkt in der Leber entstanden, spricht man in der Medizin vom primären Tumor, einem hepatozellulären Karzinom. Hat eine Krebserkrankung von einer anderen Stelle im Körper in die Leber gestreut, handelt es sich um einen sekundären Tumor, um Lebermetastasen. Beide Formen werden im Rahmen einer Krebstherapie behandelt. Danach sind regelmäßig Kontrolluntersuchungen besonders wichtig.

SELTENE LEBERERKRANKUNGEN

Bei der medizinischen Untersuchung werden auch seltenere Krankheiten der Leber berücksichtigt. Dazu gehören Autoimmunerkrankungen, Morbus Wilson, Hämochromatose (Eisenspeicherkrankheit) und Alpha-1-Antitrypsinmangel.

WISSENSWERTES ÜBER DAS WUNDERORGAN

Was hat Zähneputzen mit einer gesunden Leber zu tun? Warum hilft ein geregelter Schlafrhythmus dem Organ bei der Arbeit? Wieso waren Bluttransfusionen früher gefährlich? Welche Naturheilmittel unterstützen die Leber – und sind wirksame Medikamente in Sicht? Hier finden Sie wichtige Antworten und Informationen.

GELBSUCHT BEI BABYS

Warum haben Neugeborene häufig Gelbsucht? Das liegt daran, dass der embryonalen Leber noch wichtige Enzyme fehlen, um Bilirubin (ein Abbauprodukt des Hämoglobins) abzubauen. So kommt es oftmals zu einer Überladung des Kreislaufs mit Bilirubin und einer Neugeborenen-Gelbsucht. Etwa die Hälfte aller gesunden Babys ist davon betroffen. Anders als bei einer richtigen Hepatitis, die durch Viren verursacht wird, handelt es sich aber nur um eine Anpassungsstörung der Leber in den ersten Lebenstagen. Der Farbstoff lagert sich in der Haut und in den Augäpfeln an, solange die Leber ihn noch nicht ausreichend verarbeiten kann. Überschreitet die Menge bestimmte Grenzwerte, werden Neugeborene behandelt.

MIT DER ZAHNBÜRSTE GEGEN FETTLEBER

Regelmäßiges Zähneputzen verhindert, dass sich Löcher im Zahn bilden, das weiß jedes Kind. Doch offenbar schützt gute Mundhygiene auch gegen eine Leberverfettung. Laut einer koreanischen Studie aus dem Jahr 2021 hatten Probanden, die dreimal täglich zur Zahnbürste griffen, wesentlich seltener eine nicht-alkoholische Fettleber (NAFLD), als Menschen, die dies nur einmal täglich machten. Bereits früher gab es Studien, die die NAFLD mit Zahnfleischblutungen und Parodontitis in Verbindung brachten. Durch die chronische Entzündung des Zahnbetts können nämlich schädliche Bakterien ins Blut gelangen. Dagegen bildet der Körper wiederum Entzündungsfaktoren, die eine Insulinresistenz und damit die Einlagerung von Fett in der Leber fördern. Vor allem bei Rauchern und Diabetikern war der leberschützende Effekt durch Zähneputzen stark.

AUSREICHEND SCHLAF, BITTE!

Wenn Sie im Land der Träume sind, arbeiten die Leberzellen auf Hochtouren. Zwischen zwei und drei Uhr nachts denkt die Leber nicht an schlafen, sondern baut besonders viele wertvolle Substanzen aus den tagsüber gesammelten, sortierten und abgebauten Nährstoffen auf. Jetzt werden Leberzellen erneuert, Immunzellen gebildet und Giftstoffe an Niere und Galle geleitet, damit diese mit der Morgentoilette ausgeschieden werden. Nicht viel, aber ausreichend Schlaf ist darum für die Leber essenziell. Die nötige Schlafdauer ist von Mensch zu Mensch verschieden. Idealerweise sollte man sich jedoch einen gleichbleibenden Schlafrhythmus angewöhnen, damit die Leber weiß, wann sie mit ihren Nachtschichten beginnen kann.

SPAZIERGANG UND MUSKELAUFBAU

Spazierengehen und Muskeltraining sind eine hervorragende Kombination, um die Leber gesund zu halten. Das ergab eine Studie der Harvard Medical School, für die Forschende mehr als 117 000 Menschen in einem Zeitraum von über 26 Jahren beobachteten. Wer jede Woche mindestens einen Spaziergang und dazu ein paar Kraftübungen macht, konnte sein Risiko, an einer Lebererkrankung zu sterben, um etwa 75 Prozent senken. Wer sich zu wenig bewegt, erhöht das Risiko für einen tödlichen Verlauf durch eine Leberzirrhose demnach um ein Vierfaches.

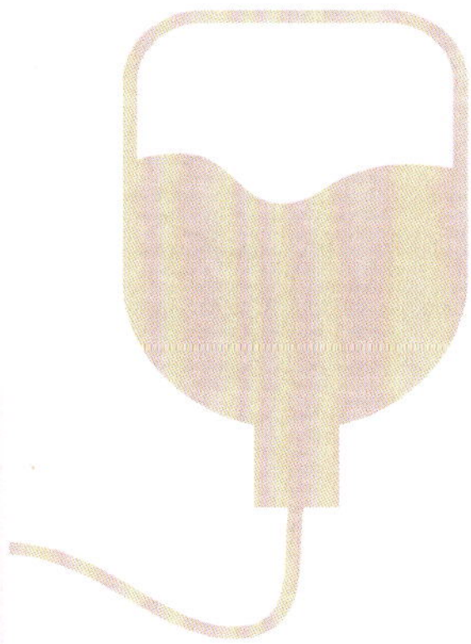

BLUTTRANSFUSIONEN: WER IST GEFÄHRDET?

Die Virusinfektion Hepatitis C gehört zu den Hauptursachen für Leberschäden. Häufig hört man, dass Menschen, die vor 1991/1992 eine Bluttransfusion erhielten, besonders gefährdet sind. Was steckt dahinter? In Deutschland wurden Blutspenden bis Anfang der Neunzigerjahre nicht auf Antikörper gegen Hepatitis-C-Viren getestet. Wer Transfusionen benötigte, musste das Risiko eingehen, dass die Viren mit dem Blut oder Blutprodukten übertragen wurden. Das kam auch recht häufig vor. Heutzutage ist das Risiko hierzulande aber ausgesprochen gering: Blutspender werden seit 1991 mit Antikörpertests und seit 1999 mit einem direkten Virusnachweis überprüft.

NOCH KEINE WIRKSAMEN MEDIKAMENTE

Medikamente zur Behandlung der nicht-alkoholischen Fettleberkrankheit gibt es bisher nicht. Weder die amerikanische Food and Drug Administration (FDA) noch die Europäische Arzneimittel-Agentur (EMA) haben bis heute ein Medikament zugelassen. Allerdings ist die Forschung auf diesem Gebiet sehr groß, sodass sich das möglicherweise bald ändern könnte. Wegen des Zusammenhangs zwischen der nicht-alkoholischen Fettleberkrankheit, dem metabolischen Syndrom und Diabetes Typ 2 wurden mehrere Substanzen untersucht, die die Insulinsensitivität erhöhen und damit einer Insulinresistenz entgegenwirken. Dabei hatte das Diabetesmedikament Metformin kaum Auswirkungen auf die Leber, während beispielsweise Pioglitazon die Leberzellschäden und die Leberblutwerte leicht verbesserte. Einen positiven Effekt auf Leberzellschäden hatten auch die sogenannten GLP-1-Rezeptor-Agonisten Liraglutid und Semaglutid. Vitamin E (zweimal 400 Milligramm pro Tag, in Absprache mit der Ärztin oder dem Arzt) hat sowohl auf die Blutwerte als auch auf das Lebergewebe eine gute Wirkung.

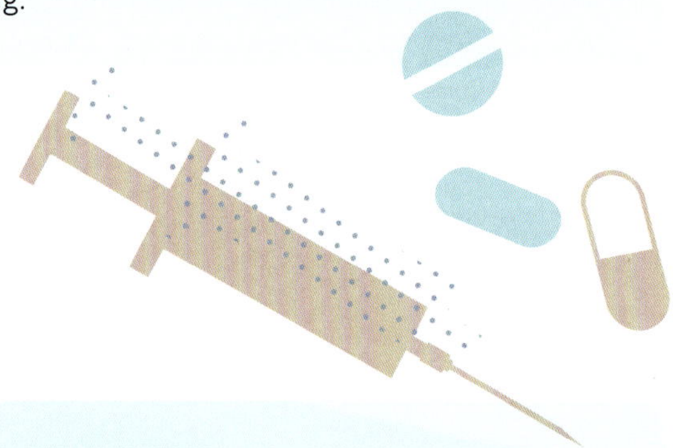

VORBEUGEN MIT STUHLTRANSFER

Patienten, die unter einer Fettleber leiden, haben häufig ein verändertes Mikrobiom. Der Darm ist bei ihnen unnatürlich durchlässig, was unter anderem Entzündungen fördert. In Pilotstudien kam heraus, dass Stuhltransplantationen von schlanken und gesunden Spendern einen günstigen Einfluss auf die Darmflora von Fettleberpatienten haben und die gestörte Darmwand wieder auf Vordermann bringen können. Für die Forschenden liegt die Vermutung nahe, dass ein zeitiger Stuhltransfer eventuell eine Fettleberhepatitis und eine Leberzirrhose verhindern könnte. Dieses Verfahren hat aber noch keine Zulassung.

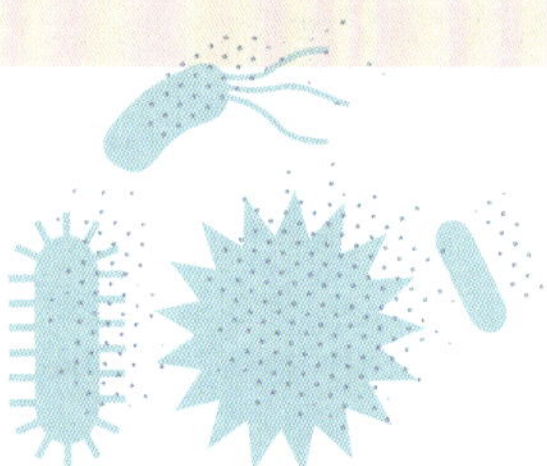

WIE DROGEN DIE LEBER KRANK MACHEN

Drogen gefährden die Gesundheit, das steht außer Frage. Aber wie genau schädigen sie die Leber? Hier wird zwischen direkten Ursachen (Alkohol, synthetische Drogen, Medikamentenmissbrauch) und indirekten unterschieden. Von indirekten Ursachen spricht man, wenn zum Beispiel Drogenkonsumenten ihr Spritzbesteck nicht richtig reinigen und untereinander austauschen. Dann kann das Hepatitis-C-Virus mit der Injektionsnadel übertragen werden. Der sogenannte intravenöse Drogenmissbrauch ist die häufigste Ursache für eine Hepatitis-C-Virusinfektion.

UNTERSTÜTZUNG AUS DER NATURHEILKUNDE

Einige naturheilkundlichen Heilmittel können bei einer Fettleber hilfreich eingesetzt werden. Dazu gehören:

- **Mariendistel** (Carduus marianus): Mit ihrem Hauptinhaltsstoff Silymarin unterstützt sie die Entgiftungsfunktion und stärkt die Neubildung von Eiweißen in der Leber. Dosierung: 200 bis 400 Milligramm Silymarin pro Tag.
- **Hepatodoron®:** Dieses anthroposophische Arzneimittel ist eine Komposition aus getrockneten Blättern der Walderdbeere (Fragaria vesca) und der Weinrebe (Vitis vinifera). Es unterstützt die aufbauenden Funktionen der Leber und fördert den Geschmackssinn, um Nahrungsmittel differenziert wahrzunehmen. Dosierung: dreimal täglich 1 bis 2 Tabletten kauen.
- **Cichorium Stanno cultum D3:** Hierbei handelt es sich um die **Wegwarte** (Cichorium intybus), die mit Stannum (Zinn) gedüngt wurde. Durch dieses Heilmittel wird die Bildung von Galle und der Eiweißaufbau unterstützt. Dosierung: dreimal täglich 10 Tropfen.
- Weitere wichtige Arzneipflanzen, die dank ihrer Bitterstoffe bei Fettleber helfen können, sind **Löwenzahn** (Taraxacum officinale) und **Schafgarbe** (Achillea millefolium), die unter anderem bei Leberwickeln zum Einsatz kommen (siehe Seite 53).
- **Zink** ist das wichtigste Spurenelement für die Leber, weil es die Regeneration der Leberzellen fördert und sie vor oxidativem Stress schützt. Zink findet sich in Fisch, Eiern und Milchprodukten, aber auch in Hülsenfrüchten, Nüssen und Getreide.

DAS PROBLEM MIT DEM ZUCKER

Leber- und Muskelzellen können überschüssigen Zucker nur begrenzt speichern. Sind die Lager voll, wird Zucker in Fett umgewandelt und in die Fettdepots gebracht. So können Bauchfett und eine Fettleber entstehen. Außerdem verursachen zu viele Fettsäuren in der Leber oxidativen Stress, der zur Zellschädigung führt. Hinzu kommt, dass Bauchfett Hormone und Botenstoffe wie Interleukin-6 und Tumornekrosefaktor (TNF) entstehen lässt, die zu chronischen Entzündungen und weiteren Zellzerstörungen führen. Zu viel Fett in der Körpermitte produziert auch zu viel Leptin, ein Hormon, das eigentlich Sättigung signalisiert. Im Übermaß produziert, hat Leptin allerdings die gegenteilige Wirkung: Die Sättigungswirkung wird herabgesetzt (Leptin-Resistenz). Es entsteht ein Teufelskreis und wir essen mehr statt weniger.

RICHTIG ESSEN IST DIE BESTE MEDIZIN

Ob vorbeugend, zur Heilung oder als Nachsorge: Unsere Leber mag nichts lieber als eine ausgewogene, überwiegend pflanzliche Ernährung, die gleich mehrere Funktionen erfüllt. Sie hemmt Entzündungen, macht schlank, enthält genügend Eiweiß und nutzt die positive Wirkung von Vitaminen, Mineral- und sekundären Pflanzenstoffen.

Kaum eine Krankheit lässt sich so gut mit der richtigen Ernährung heilen wie eine Fettleber im Anfangsstadium. Zugegeben, hierfür ist Eigeninitiative gefragt und eine Ernährungsumstellung erfordert zunächst ein hohes Maß an Disziplin. Aber es lohnt sich gleich in mehrfacher Hinsicht: Von einer gesünderen Lebensweise profitiert nicht nur Ihre Leber. Sie werden sich auch insgesamt fitter fühlen und das Abnehmen wird Ihnen leichter fallen. Das, was die Leber besonders gern mag, ist eine ausgewogene Kost mit „grünem" Eiweiß, reichlich Ballaststoffen, hochwertigen Fetten, wenig Zucker und wenig Kohlenhydraten, die Übergewicht verhindert und gegen Entzündungen wirkt. Orientieren Sie sich dabei an den zehn folgenden Regeln:

1. VIEL GEMÜSE ESSEN

Die Grundregel Nummer eins für eine gesunde Leber lautet: Essen Sie viel Gemüse. Ob Bohnen, Paprika, Pilze, Kohl, Spinat oder Zucchini: Buntes und Frisches aus der Gemüseabteilung enthält fast alles, was die (Leber-)Zellen brauchen, um mit ganzer Kraft zu arbeiten. Vitamine, Mineral-, Ballast- und sekundäre Pflanzenstoffe wirken antientzündlich, halten den Darm gesund, stärken das Immunsystem und füllen den Magen, ohne ihn mit zu viel Kalorien zu belasten. Am besten verteilen Sie ein Pfund Gemüse auf zwei bis drei Mahlzeiten täglich. Bevorzugen Sie dabei Produkte aus heimischen Gefilden. Viele Superfoods, wie zum Beispiel Kohl, Mangold oder Rote Bete, wachsen fast vor der Haustür und kommen vom Feld direkt auf den Teller, ohne lange Transportwege zurückzulegen. Fermentiertes Gemüse (Sauerkraut, Kimchi, Miso) ist eine Wohltat für den Darm.

2. BEI OBST MASS HALTEN

Niemand bestreitet, dass Obst gesund ist. Es enthält wertvolle Vitamine, Ballaststoffe und Spurenelemente, ist aber trotzdem mit Vorsicht zu genießen, wenn es um die Lebergesundheit geht. Das liegt am Fruchtzucker, der vor allem in süßen Obstsorten, Säften und Smoothies steckt. Die Warnung davor scheint erst einmal abwegig, denn Äpfel, Birnen und Co. gehören zu den natürlichen Lebensmitteln. Die Tücken stecken im Detail: Da Fruchtzucker doppelt so süß wie Glukose und besonders billig ist, nutzt die Lebensmittelindustrie ihn gern – unter dem Deckmäntelchen natürlicher Süße – als preiswertes Süßungsmittel für Softdrinks, Fertigprodukte und viele andere Speisen und Getränke. Dieses Übermaß macht den Fruchtzucker gefährlich, denn unser Körper ist nicht dafür angelegt, große Mengen zu verarbeiten. Die Leber wird gestresst, da nur sie den Fruchtzucker verstoffwechseln kann. Das heißt aber nicht, dass Sie kein Obst mehr essen sollten. Orientieren Sie sich an vier Regeln:

- Bevorzugen Sie zuckerarmes Obst (zum Beispiel säuerliche Äpfel, Aprikosen, Avocado, Beeren, Grapefruits, Zitronen) und reduzieren Sie den Obstkonsum bei süßen Obstsorten wie Ananas, Bananen, Birnen, Weintrauben oder Mangos.
- Essen Sie Obst zum Frühstück oder mittags als Dessert, denn dann ist der Stoffwechsel besonders aktiv.
- Halten Sie sich an den Grundsatz: Obst wird gegessen und nicht getrunken.
- Verzichten Sie auf Trockenobst, solange Ihre Leber nicht gesund ist.

3. ZUCKER MEIDEN

Das Hauptproblem ist heute, dass wir zu viel, zu häufig und meist auch noch das Falsche essen. Wir nehmen viel mehr Kalorien auf, als wir für unsere täglichen Aktivitäten benötigen. Dabei spielt der hohe Zuckerkonsum eine zentrale Rolle. Er ist mit durchschnittlich 100 Gramm täglich mittlerweile viermal höher, als er sein sollte. Die Weltgesundheitsorganisation (WHO) empfiehlt höchstens 25 Gramm (zwei Esslöffel) täglich. Das Übermaß kommt nicht allein von Zuckerwürfeln im Kaffee, von Schokolade, Kuchen, Bonbons oder Keksen. Häufig steckt Zucker auch in herzhaften Fertiggerichten, ohne dass wir es ahnen. Eine Currywurst kann ebenso gezuckert sein wie eine Tiefkühlpizza, Dosenfrüchte oder ein fertig zubereiteter Krautsalat. Für die Lebergesundheit ist es deshalb wichtig, nicht nur Süßigkeiten weitgehend zu meiden, sondern auch Zuckerfallen wie beispielsweise Obstsäfte zu erkennen. Das ist nicht einfach, denn viele Formen des süßen Gifts verstecken sich hinter komplizierten Namen wie zum Beispiel Saccharose, Glukose, Maltose oder Invertose. Das sind Begriffe, die sich kaum jemand merken kann. Nützlich ist deshalb folgende Faustregel: Um Zucker auf der Zutatenliste der Verpackung zu erkennen, empfiehlt es sich, auf die Endung zu achten. Hört eine Zutat mit -ose auf, sollten Sie zu das Produkt besser meiden. Zuckeraustauschstoffe wie Xylit (E 967) und Sorbit (E 420) sind genauso wenig eine Alternative wie Süßstoffe (Steviolglykoside, E 960) aus der Stevia-Pflanze oder Aspartam (E 951), ein synthetischer Süßstoff. Letztere haben eine 30- bis 3000-fach größere Süßkraft als Haushaltszucker und machen noch abhängiger. Auf diesem Gebiet ist vieles noch nicht erforscht. Wir wissen aber, dass Zusatzstoffe einen negativen Einfluss auf das Mikrobiom haben. Am besten gewöhnen Sie sich den Süßgeschmack ab. Dabei können Bittermittel (siehe Seite 39) hilfreich sein.

4. DAS BESTE FETT WÄHLEN

Auf Fett verzichten, um eine Fettleber zu bekämpfen? Das hört sich zwar naheliegend an, ist jedoch der falsche Weg. Sie dürfen der Leber zuliebe ruhig Fett essen, sollten aber das richtige wählen. Gesunde Fette sind wichtige Bausteine für den Körper. Sie schützen Organe und Gefäße, helfen, den Blutzuckerspiegel unter Kontrolle zu halten, hemmen entzündliche Prozesse im Körper und halten schlank. Das beste Fett steckt in Form von einfach und mehrfach ungesättigten Fettsäuren in pflanzlichen Ölen (Leinöl, Olivenöl, Rapsöl, Walnussöl, Hanf- und Algenöl), Nüssen (Mandeln, Haselnüsse, Walnüsse) und fetten Meeresfischen wie Lachs oder Makrele. Unbedingt meiden sollten Sie sogenannte Transfette, die bei der industriellen Verarbeitung von Fett entstehen und in vielen Fertigprodukten stecken.

5. GRÜNES EIWEISS NUTZEN

Wer reichlich hochwertiges Eiweiß isst, nimmt nicht nur ab. Protein entfettet auch die Leber. Zu diesem Ergebnis kam eine Studie, für die Probanden aus zwei Teilnehmergruppen jeweils fünf Kilo abnahmen. Die eine setzte im Rahmen ihrer Diät auf eiweißreiche Nahrung, die andere reduzierte die Proteine. Anhand von Gewebeproben zeigte sich, dass der Leberfettgehalt in der Eiweißgruppe um 42 Prozent sank, während er in der anderen Gruppe unverändert blieb. Selbst wenn Fettleberpatienten mit eiweißreicher Kost nicht an Gewicht verlieren, verschlankt sich ihre Leber. Sie sollten also sowohl auf die richtige Menge als auch auf die Qualität achten. Bei der Menge gilt: Pro Kilogramm Normalgewicht sollte ein Erwachsener 1 bis 1,2 Gramm Eiweiß über den Tag verteilt essen. Am besten stellen Sie Ihren Proteinplan aus wenig tierischen (Eier, Fleisch, Geflügel, Fisch, Milchprodukte) und reichlich pflanzlichen Quellen (Hülsenfrüchte, Haferflocken, Pilze, Nüsse, Samen, Algen) zusammen. In Pflanzeneiweiß stecken meist Ballaststoffe, Vitamine, Mineralstoffe, gesunde Kohlenhydrate und gutes Fett, während tierisches Protein zu viele gesättigte Fettsäuren enthält.

6. VOLLKORNVARIANTEN BEVORZUGEN

Die Rolle der Kohlenhydrate wird häufig unterschätzt. Wer viel Weißbrot, Nudeln, Brötchen, Reis und Co. isst, betreibt eine regelrechte Lebermast. Denn unsere Stoffwechselzentrale lagert Überschüsse an leicht verdaulichen Kohlenhydraten in Form von schädlichem Fett ein. Vor allem abends sollten Sie auf die klassischen Sättigungsbeilagen und das „Abendbrot" in Form von Toast mit Butter und Wurst verzichten. Wenn überhaupt Kohlenhydrate auf den Teller kommen, dann sollten es komplexe Carbs aus Vollkornbrot, -nudeln oder -reis sein.

7. BALLASTSTOFFE ESSEN

Ballaststoffe sind ein unverzichtbarer Bestandteil einer lebergesunden Ernährung. Sie sorgen dafür, dass der Blutzuckerspiegel langsam ansteigt, und bringen den Fettstoffwechsel der Leber in Schwung. Sie stecken vor allem in Gemüse, Obst, Hülsenfrüchten und Vollkornprodukten. Zu den Top-Lieferanten gehören Topinambur, Schwarzwurzeln, Chiasamen, Leinsamen und Weizenkleie. Die pflanzlichen Faser- und Quellstoffe halten lange satt, verhindern Heißhungerattacken, stärken die Darmflora, fördern die Verdauung und sind daher auch gute Abnehmhelfer. Wichtig: Wenn Sie bisher wenig Ballaststoffe zu sich genommen haben, sollten Sie sich erst langsam daran gewöhnen, ballaststoffreiche Lebensmittel gut kauen und viel Wasser dazu trinken. Sie sollten auf mindestens 30 Gramm Ballaststoffe pro Tag kommen.

8. DEN FLEISCHKONSUM REDUZIEREN

Sie haben das Gefühl, dass Gerichte ohne ein Stück Fleisch auf dem Teller keine „richtigen" Mahlzeiten sind? Dann sollten Sie Ihre Ernährungsgewohnheiten überdenken. Sie müssen nicht gleich Vegetarier werden, sollten aber der Leber zuliebe möglichst oft auf Fleisch verzichten. Das gilt speziell für rotes (Rind-, Schweine-, Kalb- und Lammfleisch) und für verarbeitetes Fleisch in Form von Schinken, Wurst, Würstchen oder Fleischkäse. Sie erhöhen das Fettleberrisiko. Hinzu kommt, dass zum Beispiel Schweinefleisch sehr viel Arachidonsäure enthält, die im Körper entzündungsfördernd wirkt. Gesundheitlich bedenklich sind vor allem große Fleischmengen. Der durchschnittliche Konsum liegt hierzulande bei etwa einem Kilo pro Woche – die Deutsche Gesellschaft für Ernährung (DGE) empfiehlt 300 bis 600 Gramm und die Weltgesundheitsorganisation (WHO) sogar nur 300 bis 400 Gramm.

9. MEIDEN SIE FAST FOOD UND FERTIGESSEN

Hochverarbeitete Lebensmittel wie Fast Food oder Fertiggerichte sind praktisch und schmecken meist auch, denn sie sind mit ungesunden künstlichen Zusatzstoffen so angereichert, dass wir gar nicht genug davon bekommen können. Doch der Nachgeschmack ist schal: Dieses „Industriefutter" macht nicht nachhaltig satt und bringt uns dazu, auf unnatürliche Weise immer mehr zu essen, statt zufrieden aufzuhören. Statistisch gesehen besteht etwa die Hälfte unserer täglichen Nahrung aus verarbeiteten Produkten. Das können wir leicht ändern, indem wir so oft wie möglich auf echte, naturbelassene und regionale Lebensmittel zurückgreifen, selbst kochen und das Junkfood links liegen lassen.

10. RICHTIG TRINKEN

Bevorzugen Sie kalorien- und zuckerfreie Getränke, optimal ist Leitungs- oder Mineralwasser. Wenn Letzteres einen hohen Magnesiumgehalt hat, wirkt es auch günstig auf den Zuckerstoffwechsel. Faustregel: Trinken Sie pro Kilogramm Normalgewicht 0,03 Liter täglich. Wenn es draußen warm ist oder Sie viel Sport treiben, darf es auch mehr sein. Stellen Sie sich am besten schon morgens entsprechende Flaschen oder Kannen bereit und trinken Sie die geplante Menge über den Tag verteilt. Wem Wasser zu langweilig schmeckt, der kann es mit Kräutern, Zitronen- oder Ingwerscheiben aufpeppen. Ebenfalls empfehlenswert: ungesüßte Kräutertees (siehe Seite 50) und Kaffee (siehe Seite 44), der aber immer nur ohne Milch und Zucker in die Tasse sollte. Und ganz wichtig: Reduzieren Sie alkoholische Getränke, Softdrinks, Milchmixgetränke und Fruchtsäfte so weit wie möglich.

Abnehmen und Fasten

Für übergewichtige Leberpatienten ist Abnehmen ein wichtiger Teil der Therapie. Die Gewichtsreduktion sollte jedoch ein Kilogramm pro Woche nicht überschreiten! Bei radikalen Fastenkuren wurden sogar Todesfälle beschrieben, weil sie den Entzündungsprozess noch verstärken. Das A und O sind vielmehr eine langfristige Ernährungsumstellung und ein gesunder Lebensstil. Nur wenn die Leber bereits entzündet ist, muss man manchmal rasch das Gewicht reduzieren. Dafür eignen sich Formula-Diäten, die Sie ausschließlich unter ärztlicher Aufsicht machen sollten. Ansonsten hat sich das Intervallfasten zum Abnehmen auch für Leberpatienten gut bewährt. Dabei verzichten Sie mehrere Stunden lang komplett aufs Essen, also auch auf Snacks und Getränke, die Kalorien enthalten. Besonders alltagstauglich ist das 16:8-Fasten, bei dem es innerhalb von acht Stunden zwei oder drei Mahlzeiten gibt und dann 16 Stunden über Nacht gefastet wird. Das Kurzzeitfasten fördert Regenerations- und Stoffwechselprozesse sowohl in der Leber als auch im ganzen Körper. Wenn die schlank machende Wirkung später eventuell nachlässt oder Sie mehr Gewicht verlieren möchten, sind zwei ergänzende Entlastungstage pro Woche empfehlenswert, an denen Sie jeweils lediglich 800 Kalorien zu sich nehmen. Rezepte und Beispiele für solche Kalorien-Fastentage finden Sie hinten im Buch.

DIE BESTEN LEBENSMITTEL GEGEN EINE FETTLEBER

Der Königsweg zu einer gesunden Leber ist die Ernährung. Ob mit Gemüse, Nüssen, pflanzlichen Ölen, Gewürzen oder Blaubeeren – lesen Sie hier, was die Leber liebt.

VOLLES KORN BEI BROT UND NUDELN

Schluss mit den Kohlenhydraten? Das ist nur teilweise richtig. Denn es gibt gute (komplexe) und schlechte Carbs. Sie müssen also nicht komplett auf Brot, Nudeln, Reis und Co. verzichten, sondern beim Einkaufen auf das Wörtchen „Vollkorn" achten. Greifen Sie also zu Vollkornbrot, Vollkornnudeln, Vollkornreis oder Vollkornflocken in Maßen statt zu den Weißmehlvarianten. Denn volles Korn liefert gesunde Ballaststoffe und verzögert den Abbau der Kohlenhydrate.

ARTISCHOCKEN MIT INULIN

Inulin ist ein Ballaststoff, der die Verdauung anregt und eine gesunde Darmflora unterstützt, indem er gute Darmbakterien fördert. Da Inulin zusätzlich gut sättigt, unterstützt es die Entfettung der Leber. Der präbiotische Nährstoff steckt vor allem in Artischocken, die als die Superstars unter den bitterstoffhaltigen Pflanzen gelten. Aber auch Schwarzwurzeln, Topinambur, Chicorée und Pastinaken sind gute Inulinlieferanten. Ein weiterer Vorteil: Inulin hält den Blutzuckerspiegel konstant.

BUNTE VIELFALT BEIM GEMÜSE

Mit viel Gemüse können Sie kaum etwas falsch machen. Ob Tomaten, Paprika, Kohl, Möhren oder Zwiebeln – Gemüse in allen Varianten gehört in die leberfreundliche Küche. Achten Sie auf Vielfalt und bunte Farben. Essen Sie also an einem Tag Bohnen und am nächsten rote Paprika. Nutzen Sie die ganze Bandbreite. Damit Gemüse seine wertvollen Inhaltsstoffe nicht verliert, sollte es knackig frisch in die Küche kommen und möglichst schonend zubereitet (gedämpft oder gegart) werden.

BITTE MEHR BITTERSTOFFE.

Sie schützen Pflanzen vor Fressfeinden und sind auch für die Lebergesundheit nützliche Helfer. Bitterstoffe regen die Verdauung und den Fettstoffwechsel im Darm und in der Leber an. Viele Bitterstoffe stecken – wie der Name vermuten lässt – in bitteren Lebensmitteln wie zum Beispiel in Pampelmusen, Kohlrabi, Rucola, Radicchio oder in den Blättern von Löwenzahn.

NÜSSE UND SAMEN

Qualität vor Quantität: Nüsse enthalten zwar Fett, doch das ist genau das Fett, das die Leber braucht, um gesund zu bleiben oder zu werden. Ob Walnüsse, Haselnüsse, Mandeln, Paranüsse oder Macadamianüsse – alle sind reich an ungesättigten lebenswichtigen Fettsäuren; allerdings müssen sie unverarbeitet, ungezuckert, ungesalzen und ungeröstet sein und sollten möglichst Bioqualität haben. Bei der Menge gilt wegen der hohen Nährstoffdichte: Nicht mehr als 40 Gramm täglich. Auch Kerne wie Pinien-, Kürbis- oder Sonnenblumenkerne und Samen (Chia-, Lein- oder Flohsamen) sind Top-Lieferanten für hochwertige Fette.

LEBERGESUNDE BLAUBEEREN

Die beliebten Beeren liefern nicht nur Vitamine, sondern enthalten auch reichlich sekundäre Pflanzenstoffe (Polyphenole), die die Leber schützen. So konnten Forscher zum Beispiel herausfinden, dass Blaubeeren die Narbenbildung bei einer Leberzirrhose verlangsamen. In Experimenten zeigt sich, dass Blaubeerextrakt das Wachstum von Leberkrebszellen hemmen kann.

BROKKOLI UND ANDERE KOHLSORTEN

Kohl hat es in sich: Ob Sie Brokkoli, Rosenkohl oder Rotkohl essen – die Leber profitiert von den erstaunlichen Fähigkeiten aller Mitglieder der Kohlfamilie. Denn die enthaltenen wertvollen sekundären Pflanzenstoffe (wie etwa Senfölglykoside) regen die Tätigkeit von Leber und Galle an und neutralisieren Giftstoffe.

PFLANZLICHE ÖLE

Die besten Fette stecken in pflanzlichen Ölen. Vor allem mehrfach ungesättigte Omega-3-Fettsäuren hemmen Entzündungen, die von Bauchfett hervorgerufen werden. Diese gesunden Fettsäuren sind vor allem in Hanf-, Lein- und Algenöl enthalten. Aber auch Oliven- und Rapsöl haben eine schlank machende und antientzündliche Wirkung. Was die Menge angeht, gilt die Faustregel: etwa drei Esslöffel pro Tag.

KNOBLAUCH

Knoblauch sollte so oft wie möglich auf dem Speiseplan für eine gesunde Leber stehen. Die tolle Knolle wirkt auf die Gefäße wie ein „Rohrputzer" und enthält schwefelartige Substanzen, die Leberenzyme aktivieren und dafür sorgen, dass das Organ effizienter arbeiten kann. So wird die Leber produktiver und kann schädliche Stoffe schneller ausscheiden. Das im Knoblauch enthaltene Spurenelement Selen hilft beim Entgiften. Im Rahmen einer Studie mit Fettleberpatienten zeigte sich, dass der Abbau von Gewicht und Körperfett allein durch die Einnahme eines Knoblauchextrakts erreicht werden kann.

KRÄUTER UND GEWÜRZE

Sie bringen nicht nur Geschmack ans Essen, sondern können auch reinigen, heilen und die Zellen schützen. Um der Leber beim Würzen etwas Gutes zu tun, sollten Sie möglichst oft verschiedene Kräuter und Gewürze einsetzen. Dazu gehört zum Beispiel Kurkuma, das Curcumin enthält – eine Substanz, die entzündungshemmende Eigenschaften besitzt. Auch mit Ingwer lässt sich eine Fettleber auf natürliche Weise behandeln, denn die Inhaltsstoffe der Wurzel wirken ebenfalls antientzündlich. Außerdem verbessern sie die Leberwerte und die Insulinresistenz. Als Unterstützer für die Leber sind zudem Pfeffer, Koriander, Rosmarin, Pfefferminze und Zimt empfehlenswert.

ALKOHOL: GIFT FÜR DIE LEBER

Alkohol ist eine regelrechte Attacke auf unsere Leber. Da lässt sich leider nichts schönreden. Lesen Sie hier, warum das Zellgift so gefährlich ist und wie man den Konsum reduzieren kann.

Nach falscher Ernährung ist regelmäßiger Alkoholkonsum die zweithäufigste Ursache für chronische Lebererkrankungen. Alkohol greift die Stoffwechselzentrale nicht nur an, er kann sie langfristig irreversibel zerstören: Der Weg dahin führt über eine Fettleber bis zur lebensbedrohlichen Leberzirrhose. Weil Alkohol ein Zellgift ist, versucht die Leber ihn so schnell wie möglich abzubauen – auch wenn sie dafür andere wichtige Aufgaben wie den Abbau von Fetten vernachlässigen muss. Das erklärt, warum sie bei zu hohem Alkoholkonsum immer mehr Fett einlagert. Zudem können Acetaldehyd und Acetat, Zwischenprodukte, die beim Abbau von Alkohol entstehen, die Leberzellen direkt schädigen.

FRAUEN VERTRAGEN WENIGER ALS MÄNNER

Jede Leber reagiert zwar anders auf Alkohol, aber keine steckt das Zellgift langfristig ohne gesundheitliche Folgen weg. Bei den einen entwickelt sich eine alkoholbedingte Fettleber sehr schnell, bei anderen dauert es länger, bis es zu Schäden kommt. Grundsätzlich vertragen die meisten Frauen weniger Alkohol als Männer. Bei Frauen liegt die kritische Grenze bei einer Menge von 12 Gramm täglich – das entspricht etwa 0,1 Liter Wein oder 0,25 Liter Bier. Männern wird nicht mehr als 24 Gramm Alkohol pro Tag empfohlen. Für die Unterschiede zwischen den Geschlechtern gibt es verschiedene Gründe. Männer sind im Durchschnitt nicht nur größer und schwerer als Frauen, sie haben auch einen höheren Flüssigkeitsgehalt im Körper und besitzen mehr Enzyme, die Alkohol abbauen. Hinzu kommt: Die Fettmasse ist bei Frauen größer als bei Männern. Das führt dazu, dass Muskeln und Organe stärker durchblutet werden und Alkohol intensiver wirkt. Deshalb sind Frauen schneller betrunken und haben auch ein höheres Risiko für Lebererkrankungen. Doch nicht nur das Geschlecht spielt eine Rolle. Auch Vorerkrankungen, das Lebensalter, andere leberschädliche Faktoren und die Gene erhöhen das Risiko.

ES GIBT KEIN „GESUNDES GLÄSCHEN"

„Aber ein bisschen Alkohol ist doch gesund", heißt es oft. Dieser Mythos hält sich leider hartnäckig. Eine Zeit lang wurden dafür sogar Studien als Beleg herangezogen. Inzwischen hat sich aber herausgestellt, dass diese Fehler enthielten. So wurden zum Beispiel moderate Trinker mit Abstinenzlern verglichen, ohne zu ermitteln, warum die Abstinenzler komplett auf Alkohol verzichteten. So kamen auch ehemalige Alkoholiker in diese Gruppe, bei denen es nicht verwunderlich war, dass sie schlechter abschnitten als Wenigtrinker. Die im Rotwein enthaltenen Polyphenole rechtfertigen ebenfalls kein „gesundes Gläschen". Denn die gesunden Pflanzenfarbstoffe stecken auch in roten Obst- und Gemüsesorten und wirken dort ganz ohne Alkohol antientzündlich, verjüngend und vorbeugend gegen Krebs.

WIE TRINKE ICH WENIGER?

Ob Wein oder Bier – die meisten Menschen greifen aus Gewohnheit zum Alkohol, ohne länger darüber nachzudenken. Da wird leicht aus einem kleinen Glas eine halbe Flasche und mehr. Verschiedene Fragen und Antworten helfen beim Abgewöhnen beziehungsweise beim Reduzieren.

Wie viel trinke ich eigentlich?
Geben Sie sich selbst eine ehrliche Antwort auf diese Frage. Wenn Sie das nicht auf Anhieb können, schreiben Sie eine Zeit lang auf, wie oft und wie viel Sie zu sich nehmen, um Klarheit zu gewinnen.

Bei welcher Gelegenheit brauche ich Alkohol?
Werten Sie Ihre Liste aus. Bei welcher Gelegenheit trinken Sie? Allein oder in Gesellschaft? Am Tag oder am Abend? Welche Situationen sind typisch?

Wann könnte ich es lassen?
Überlegen Sie nun, welche Trinkgelegenheiten Sie am leichtesten streichen können oder bei welchen Sie mit weniger auskommen würden.

Wie ändere ich Gewohnheiten?
Viele Menschen trinken zum Beispiel ihr „Feierabendbier", weil sie es sich einmal angewöhnt haben und es dann zur Entspannung nutzen. Das muss nicht sein, wenn Sie Ihre Gewohnheiten verändern und andere Entspannungsmethoden lernen.

Brauche ich Durstlöscher mit Alkohol?
Analysieren Sie Ihr eigenes Verhalten. Trinken Sie in erster Linie gegen den Durst? Dann helfen auch ein alkoholfreies Bier oder Ersatzgetränke wie Wasser und ungesüßte Tees.

Trinke ich, weil andere es erwarten?
Alkohol ist in unserer Gesellschaft akzeptiert und fast überall im Angebot. Das kann zu Problemen führen, wenn man darauf verzichten möchte. Am besten informieren Sie Freunde und Bekannte, dass Sie sich zum Anstoßen in geselliger Runde – wenn überhaupt – über Bier, Wein oder Sekt in der alkoholfreien Variante freuen würden.

Wofür brauche ich Vorräte?
Seien Sie schon beim Einkaufen zurückhaltend. Wenn Sie wissen, dass Sie schlecht Nein sagen können, sollten Sie sich keine Alkoholvorräte anlegen. Was erst einmal im Haus ist, wird meist auch konsumiert.

Wie setze ich zeitliche Grenzen?
Um achtsamer und bewusster mit Alkohol umzugehen, helfen klare Regeln, die Sie für sich selbst festlegen sollten. Zum Beispiel »Ich trinke nur am Wochenende« oder »Drei Abende in der Woche bleiben alkoholfrei«. Sie können auch komplett abstinente Phasen planen, um sich selbst zu beweisen, dass es geht.

Wie sage ich Nein?
Anderen zu erklären, dass man den eigenen Alkoholkonsum reduzieren möchte, kann mühsam sein. Leichter wird's mit Argumenten wie „Ich muss noch fahren oder morgen früh raus" oder „Ich nehme Medikamente".

Wie schaffe ich es, Maß zu halten?
Für eine allmähliche Reduktion gibt es Lösungen: Trinken Sie langsam und genussvoll. Wählen Sie Getränke mit niedrigem Alkoholgehalt (wie Weinschorle oder Radler) und dazwischen alkoholfreie Durstlöscher.

SOFORTMASSNAHMEN FÜR DIE KÜCHE

Sie möchten Ihrer Leber noch mehr Gutes tun? Das ist nicht schwer. Das Superorgan profitiert davon, wenn Sie zum Beispiel Kaffee in Maßen trinken, bei der Auswahl Ihrer Lebensmittel auf Bioqualität achten oder Ihr Essen nicht unnötig stark salzen. Hier gibt es Tipps.

GENIESSEN ERLAUBT: KAFFEE BITTE!

Der Leber zuliebe müssen Sie nicht auf Kaffee verzichten. Es gibt Studien, die zu dem Schluss kommen, dass schwarzer Kaffee die Leber sogar vor Erkrankungen schützen kann. Dazu gehört auch eine groß angelegte zehnjährige Untersuchung aus Großbritannien mit einer halben Million Teilnehmern. Dabei zeigte sich, dass Kaffeetrinker ein um etwas mehr als 20 Prozent niedrigeres Risiko für chronische Lebererkrankungen haben als Kaffee-Abstinenzler. Auch das Risiko für eine Fettleber ist entsprechend geringer. Die Wahrscheinlichkeit, an Leberkrankheiten zu sterben, sinkt demnach sogar um fast 50 Prozent. Dabei spielt es keine Rolle, ob man Kaffee mit oder ohne Koffein trinkt. Beides wirkt. Es gilt aber nicht: Mehr hilft mehr. Vier Tassen Kaffee täglich reichen.

NASCHEN MIT MEHRWERT

Naschen für die Leber? Mit dunkler Schokolade (der Kakaoanteil sollte mindestens 85 Prozent betragen) ist das erlaubt. Denn die darin enthaltenen Antioxidantien haben einen positiven Einfluss auf die Lebergesundheit. Um den Blutdruck in der Stoffwechselzentrale und in den Gefäßen des Bauchraums zu senken, ist dunkle Schokolade ein probates Mittel. Das gilt natürlich nur, wenn Sie Bitterschokolade in Maßen genießen (ein Riegel am Tag). Untersuchungen zeigten, dass der Blutdruckanstieg bei Patienten geringer ausfiel, wenn sie sich etwas dunkle Schokolade zum Essen gönnten. Außerdem hat Schokolade eine entspannende Wirkung.

AUF BIOQUALITÄT ACHTEN

Sie wollen Ihre Leber nicht mit unnötigen Giftstoffen belasten? Dann sollten Sie möglichst oft zu Bioprodukten greifen, denn die dürfen nicht mit Pestiziden behandelt werden. Auch Lebensmittel, die in der Region wachsen, enthalten meist weniger schädliche Stoffe, weil sie auf dem Höhepunkt der Reife geerntet werden und keine langen Transportwege benötigen.

DEN SALZKONSUM REDUZIEREN

Salz gehört in jede Küche. Leider übertreiben wir es häufig damit. Während etwa ein Teelöffel (6 Gramm) täglich ausreicht, essen die Deutschen im Durchschnitt zwei- bis dreimal so viel. Das fördert nicht nur die Leberverfettung, sondern kann auch das Immunsystem schwächen, den Blutdruck erhöhen sowie Autoimmunkrankheiten und Herz-Kreislauf-Erkrankungen begünstigen. Meist reicht es nicht, den Salzstreuer zu verbannen und beim Essen nicht nachzusalzen, denn das macht lediglich 20 Prozent des Salzkonsums aus. Das Problem sind verarbeitete Lebensmittel und Fertiggerichte, deren Salzgehalt für die Verbraucher kaum messbar ist. Ein Grund mehr, Fast Food, verarbeitete Wurstwaren, gesalzene Knabbereien und Fertigprodukte zu reduzieren.

AUF GESUNDE BITTERSTOFFE SETZEN

Wer seiner Leber etwas Gutes tun will, sollte häufiger Bitteres auf den Teller bringen. Bitterstoffe regen die Produktion von Galle und den Fettstoffwechsel in der Leber an, sodass das Organ Fett aus der Nahrung besser verarbeiten kann. Reichlich davon steckt in Gemüse- und Salatsorten mit leicht bitterem Geschmack wie Artischocken, Chicorée, Rosenkohl, Brokkoli oder Rucola. Man kann Bitterstoffe auch in konzentrierter Form als Präparate in der Apotheke kaufen. Ein Zusatzeffekt, wenn Sie abnehmen möchten: Ein paar Bittertropfen wirken gegen Heißhunger – insbesondere auf Süßes zwischendurch.

HER DAMIT: AKTIVSTOFFE FÜR DIE LEBER

Eine Reihe von Nährstoffen trägt dazu bei, die Leber zu entfetten und den Stoffwechsel zu verbessern. Dazu gehören beispielsweise die löslichen Ballaststoffe Inulin (in Artischocken, Zwiebeln und Co.) oder Beta-Glukan aus Hafer. Diese Stoffe quellen im Magen auf und sorgen dafür, dass wir uns länger satt fühlen, ohne mehr Kalorien zu uns zu nehmen. Vitamin E (aus Pflanzenölen und Nüssen) unterstützt den Fettabbau und wirkt gegen Entzündungen.

AUSWÄRTS GESUND ESSEN? KEIN PROBLEM!

Auswärts essen ist ein tolles Erlebnis und wird im Alltag immer beliebter. Ob drinnen oder draußen, sich mit anderen zum gemeinsamen Schmaus zu verabreden, hat in den letzten Jahren einen hohen Stellenwert bekommen. Schade, wenn Sie auf diesen Genuss der Leber zuliebe verzichten möchten. Das muss nämlich gar nicht sein. Suchen Sie nach Restaurants, in denen gesund und frisch zubereitet beziehungsweise gekocht wird. Damit Sie nicht zu viel bestellen, sollten Sie nicht komplett ausgehungert zum Essen gehen, sondern vorher vielleicht etwas Rohkost knabbern und ein großes Glas Wasser trinken. Ein Brotkorb vorweg, Vorspeise, mehrere Gänge, Dessert? Das ist garantiert zu viel. Passen Sie Ihre Auswahl an Ihr Hungergefühl an. Bestellen Sie viel Gemüse mit nur wenig oder gar keinen kohlenhydrathaltigen Beilagen. Als Faustregel gilt: Wählen Sie eher Gegartes oder Gedämpftes als Frittiertes, Überbackenes oder Paniertes. Und: Nehmen Sie den Kaffee zum Abschluss ohne Milch, Zucker – und ohne Apfelkuchen.

BESSER LEBEN FÜR DIE LEBER

Zwar kann man mit der Ernährung viel erreichen, doch auch andere Faktoren spielen eine Rolle: Bewege ich mich ausreichend? Wie gehe ich mit Stress um? Wie bringe ich Rhythmus in meinen Alltag? Hier dreht sich alles um den Lebensstil und seine Folgen für die Leber.

Unser Alltag verläuft meist hektisch. Privat und im Beruf gibt es Aufgaben und Konflikte, die gelöst werden müssen. Zeit für Entspannung ist knapp. Viele Menschen fühlen sich den täglichen Anforderungen nicht mehr gewachsen. Das hat gesundheitliche Folgen, die an der Leber nicht spurlos vorübergehen. Deshalb sollte jeder darauf achten, Ausgleich zu schaffen und den Lebensstil bei Bedarf zu verbessern.

WALKEN, JOGGEN UND RADELN

Ohne Bewegung geht es nicht. Auch wenn Sie sich nicht sonderlich fit fühlen und die letzte Sportstunde in der Schulzeit vielleicht sehr lange her ist, müssen Sie wieder aktiv werden, um eine Fettleber loszuwerden. Bewegung regt den Stoffwechsel an, fördert den Fettab- und Muskelaufbau und ist ein hochwirksames Mittel, um übermäßigen Stress abzubauen. Zum Einstieg sind Sportarten wie Walken, langsames Joggen, Schwimmen oder Radfahren ideal.

BEWEGUNG IM ALLTAG UND MUSKELAUFBAU

Auch Spaziergänge können schon kleine Wunder bewirken – zumindest wenn Sie sie regelmäßig machen. Zudem ergeben sich bei alltäglichen Aufgaben wie Einkaufen oder dem Weg zur Arbeit jede Menge Möglichkeiten, aktiv zu werden. Lassen Sie das Auto mal stehen und werden Sie Fußgänger. Weite Weg können Sie mit öffentlichen Verkehrsmitteln ergänzen. Zusätzlich sollten Sie Ihre Muskulatur stärken und sich mit ein paar Übungen beweglich halten. Was Dauer und Intensität des Trainings angeht, gibt es keine pauschalen Regeln, da jeder mit unterschiedlichen Voraussetzungen antritt. Machen Sie das, was Sie gut schaffen, und steigern Sie sich, wenn Sie besser werden. Hier gilt: Dranbleiben ist wichtiger als sportliche Höchstleistungen.

IM FESTEN RHYTHMUS BLEIBEN

Achten Sie auf einen festen Rhythmus, der dazu beiträgt, in einer gesunden Balance zu leben. Stehen Sie morgens so oft wie möglich zur gleichen Zeit auf und gehen Sie abends entsprechend ins Bett. Auch die Mahlzeiten sollten Sie nicht nur nach Ihrem Gefühl zu sich nehmen, sondern feste, weitgehend gleiche Zeiten dafür einplanen. Gönnen Sie sich beim Essen Ruhe, genießen Sie bewusst und lassen Sie am Tisch keine Ablenkungen zu. Anstrengende körperliche Aktivitäten sollten sich mit ruhigen abwechseln. Geistige Leistungen brauchen einen körperlichen Ausgleich.

ACHTSAMKEIT: WAS MACHT MIR FREUDE?

Nicht zu vergessen: Achten Sie auch in der Familie, unter Freunden und am Arbeitsplatz auf Harmonie und konstruktives Verhalten im Umgang miteinander. Seien Sie großzügig beim Austeilen von Wertschätzung und Anerkennung. Das schafft ein gutes, stresssenkendes Klima. Nehmen Sie sich Zeit und reflektieren Sie regelmäßig über sich selbst: Dürfen Sie Dinge tun, die Sie gern machen? Was bereitet Ihnen Freude? Finden Sie Erfüllung im Beruf? Leben Sie das Leben, das Sie sich wünschen? Wenn nicht, was könnten Sie ändern, statt darüber zu klagen?

ZU VIEL STRESS VERMEIDEN

Auch Stress kann den Prozess der Leberverfettung beschleunigen. Dafür gibt es verschiedene Gründe. Unter Druck scheidet der Körper Hormone wie Adrenalin und Cortisol aus. Das ist normalerweise ein wunderbarer Vorgang, denn damit sind wir gewappnet und ausreichend mit Energie geladen, um auf Bedrohungen angemessen zu reagieren. Doch wenn es dauerhaft zu viel wird und der Körper die überschüssigen Stresshormone nicht abbauen kann, kommt es zu verschiedenen Störungen. Unter anderem muss die Leber mehr Blutzucker produzieren, während sie selbst nicht mehr optimal durchblutet wird. Cortisol verändert die Leberzellen, sodass sie ihre Funktionen schlechter erfüllen können. Vermehrte Fetteinlagerungen sind die Folge.

SANFT HERUNTERKOMMEN

Zum Glück können wir mit gezielter Entspannung viel erreichen und solche Entwicklungen verhindern. Überlegen Sie, auf welchem Weg Sie am besten herunterfahren. Es gibt sehr wirksame Methoden wie zum Beispiel autogenes Training, Atemübungen, Meditation, Yoga oder Kurse zum Thema Achtsamkeit. Die chinesische Lehre Qigong verbindet Bewegungsabläufe mit Atem- und Konzentrationsübungen und eignet sich in jedem Alter. Auch ein Saunabesuch entspannt Körper und Seele. Hohe Temperaturen und Dämpfe sorgen dafür, dass die Muskeln sich lockern und der gesamte Organismus relaxt.

MIT DEM RAUCHEN AUFHÖREN

Wer beim Rauchen nur an die Gefahr von Lungenkrebs denkt, übersieht einen wichtigen Zusammenhang: Auch die Leber leidet unter Tabakkonsum. Der blaue Dunst hat verheerende Folgen für das Organ. Raucher haben ein erhöhtes Risiko für Leberkrebs. Bereits vorhandene Lebererkrankungen können sich verschlimmern – und zwar meist unbemerkt über viele Jahre hinweg. Eine Fettleber schreitet schneller voran. Im Rahmen von Studien zeigte sich, dass jeder zweite Leberkrebspatient geraucht hat. Stellen Sie deshalb unbedingt das Rauchen ein – auch Ihren Mitmenschen zuliebe. Denn es geht nicht nur um Ihre eigene Gesundheit; Passivrauchen erhöht das Risiko für Lebererkrankungen ebenfalls.

GEWOHNHEITEN VERÄNDERN

Ein Großteil der Dinge, die wir täglich tun, basiert auf Gewohnheiten. Bei etwa der Hälfte aller Aktivitäten verlassen wir uns auf bewährte Muster, um keinen zusätzlichen Stress zu erzeugen. Wenn Entscheidungen anstehen, sind es sogar 95 Prozent. Wenn wir beschließen, anders zu essen, uns mehr zu bewegen und öfter mal gezielt zur Ruhe zu kommen, dann ist viel zu tun. Es sind gleich mehrere große Ziele, für die die meisten ihr Leben ganz schön auf den Kopf stellen müssen. Das klappt selten von heute auf morgen, denn radikale Veränderungen sind sehr mühsam. Fangen Sie deshalb in kleinen Schritten an. Zerlegen Sie große Ziele in einzelne Etappen. Setzen Sie also nicht gleich eine Stunde Joggen auf Ihren Trainingsplan, sondern nehmen Sie sich erst einmal vor, jeden Tag einen Spaziergang zu machen. Sie können auch nur mit einer gesunden gemüsereichen Mahlzeit loslegen und mehr machen, sobald Sie sich daran gewöhnt haben. Wichtig: Hören Sie nicht auf, wenn Ihnen etwas nicht auf Anhieb gelingt und Sie in alte Gewohnheiten zurückfallen. Machen Sie einfach am nächsten Tag einen neuen Versuch und vergessen Sie den Fehltritt, sonst fühlen Sie sich schnell unwohl und leiden unter dem Gefühl, versagt zu haben.

VIELSITZER, BITTE MAL AUFSTEHEN!

Viele Berufstätige verbringen einen Großteil ihres Tages im Sitzen. Das Problem: Statisches Sitzen ist auf Dauer mit verschiedenen Volksleiden wie Fettleber, Diabetes, Herz-Kreislauf-Erkrankungen und Krebs verbunden. Deshalb sollten Sie sich zwischendurch möglichst oft bewegen. Wenn Ihr Arbeitsplatz nichts anderes zulässt, ist das sogenannte dynamische Sitzen ein guter Tipp: Schaffen Sie sich dafür eine ergonomische Arbeitsausstattung an. Dazu gehört ein Stuhl, der Bewegungen mitmacht, und ein höhenverstellbarer Tisch, an dem Sie auch stehend arbeiten können. Ändern Sie Ihre Haltung im Sitzen und im Stehen immer wieder, sodass Muskeln und Organe aktiv werden müssen. Von dieser Bewegungsform profitiert auch die Leber.

Ab ins Grüne: Waldbaden

Neben Bewegung und Entspannungsübungen hat sich auch die heilsame Kraft der Natur bewährt. Bei einem Spaziergang im Grünen wirken nicht nur die sanften körperlichen Aktivitäten entlastend, sondern auch der Blick in die Bäume, die Waldgeräusche und die schadstoffarme, sauerstoffreiche Luft. Die Heilkraft des sogenannten Waldbadens ist in den letzten Jahren gut erforscht worden. Demnach unterstützen Ausflüge ins Grüne das Immunsystem, stärken Herz und Kreislauf, senken den Blutdruck und helfen gegen Schlafstörungen und innere Unruhe.

MOTIVATION PER APP: JEDER SCHRITT ZÄHLT

Mehr Bewegung zwischendurch? Gut und schön, aber Sie können sich einfach nicht aufraffen, weil sichtbare Erfolge lange auf sich warten lassen? Dann motivieren Sie sich doch erst einmal mit einem Schrittzähler. Ob als kleines Gerät in der Hosentasche, als Smartwatch oder als App auf dem Smartphone: Hier zählt sprichwörtlich jeder Schritt. Setzen Sie sich als langfristiges Ziel, täglich 10 000 Schritte zu machen. Wenn Sie 7000 bis 8000 schaffen, erreichen Sie schon viele gesundheitliche Effekte. Die 10 000 sind dann noch ein Anreiz zur Steigerung.

FÜNF TIPPS FÜR RUHE UND REDUKTION

Sie möchten der Leber zuliebe entspannter leben, wissen aber nicht so recht, wie Sie das schaffen sollen? Hier gibt's ein paar Tipps, die Sie dabei unterstützen, im Alltag regelmäßig gezielt und ohne großen Aufwand herunterzukommen.

1. Mach mal Pause

Um den Stresspegel zu senken, gönnen Sie sich regelmäßig – etwa alle eineinhalb bis zwei Stunden – zumindest kurze Pausen, in denen Sie entweder gar nichts (Augen schließen, tief durchatmen) oder etwas anderes als sonst tun: zum Beispiel in Ruhe eine Tasse Tee trinken, ein wenig tagträumen oder in einem wohltuenden Buch lesen.

2. Spann die Muskeln an

Sie gehören zu den Menschen, die körperliche Formen der Entspannung brauchen? Dann eignet sich die progressive Muskelentspannung. Die können Sie jederzeit auch zwischendurch machen. Die Grundlage besteht aus Entspannen und Anspannen im Wechsel, um psychischen Druck abzubauen. Probieren Sie es zum Einstieg nur mit den Händen. Setzen Sie sich bequem hin, atmen Sie tief durch und ballen Sie eine Hand ein paar Sekunden lang fest zur Faust, um sie dann wieder locker zu lassen. Nach einer kurzen Pause ist die andere Hand dran. Längere Anwendungen können Sie online (Stichwort „Progressive Muskelentspannung") oder in Kursen unter Anleitung lernen.

3. Sing mal wieder

Singen fördert nicht nur die Entspannung und die Tiefenatmung, es hat auch noch viele weitere tolle Nebenwirkungen. Gesang hebt die Stimmung, senkt den Blutdruck, stärkt das vegetative Nervensystem und die Abwehrkräfte. Untersuchungen haben gezeigt, dass Mitglieder von Chören oder Gesangsgruppen eine deutlich höhere Lebenserwartung haben als Nichtsinger. Wer sich nicht traut, kann sein Lieblingslied auch einfach nur mitsummen. Und selbst lautes tiefes Seufzen wirkt ungemein befreiend.

4. Nutze den Stillstand

Wir sind es leider gewohnt, Tätigkeiten ohne Unterbrechung als Leistungsnachweise zu betrachten, und fangen an, uns zu ärgern, wenn unproduktive Zeiten drohen. Das muss nicht sein. Funktionieren Sie vermeintliche Phasen des Stillstands einfach um. Ob an der Bushaltestelle oder im Wartezimmer: Wenn die äußeren Umstände keine Aktivitäten zulassen, können Sie mental herunterfahren und das Nichtstun genießen, statt es zu verteufeln. Wie sagte Selma Lagerlöf so schön: „Man muss auch mal einfach so aus dem Fenster gucken können."

5. Stell doch mal das Handy aus

Die digitale Welt dreht sich schnell, ständig verlangen Smartphone und Co. unsere Aufmerksamkeit. Da kommt man häufig kaum noch mit. Und das stresst. Vor allem Menschen, die als Dauer-Checker in sozialen Netzwerken unterwegs sind, gaben im Rahmen von Umfragen an, dass sie sich gestresst fühlen und sogar gesundheitliche Schäden befürchten. Nehmen Sie deshalb bewusste Auszeiten von den Reizüberflutungen durch Handy, PC und Fernseher. Lassen Sie die Geräte nicht dauerhaft nebenbei laufen, sondern informieren Sie sich zu festen Zeiten und schalten Sie die digitalen Ablenker danach wieder aus.

ABWARTEN UND TEE TRINKEN

Verbinden Sie das Nützliche mit dem Angenehmen und gönnen Sie sich regelmäßig eine Tasse Tee – zur Entspannung und als Medizin für die Leber. Diese Tees aus leberfreundlichen Pflanzen haben eine heilende Wirkung und sind perfekt für kleine Pausen zwischendurch.

MARIENDISTEL

Die Mariendistel gilt als „Nahrung für Leber und Galle" und wird schon seit der Antike als pflanzliche Medizin eingesetzt. Extrakte aus den Früchten wirken schützend auf die Leber und unterstützen auch ihre Regeneration, indem sie die Zellwände stabilisieren und zur Neubildung von Zellen anregen. Dafür verantwortlich ist der Wirkstoffkomplex Silymarin, ein Gemisch aus verschiedenen Flavonolignanen. Zur Stärkung der Leberfunktion können Sie getrocknetes Mariendistelkraut für einen Tee kaufen und nach Packungsanweisung zubereiten. Mit zerstoßenen Fenchelkörnern lässt sich der Tee geschmacklich aufwerten. Es gibt auch Nahrungsergänzungsmittel mit Mariendistel beziehungsweise dem Wirkstoff Silymarin. Diese sollten jedoch nur in Absprache mit der Ärztin oder dem Arzt eingenommen werden.

PFEFFERMINZ-PETERSILIEN-TEE

Pfefferminze und Petersilie gehören ebenfalls zu den leberschützenden Pflanzen. Petersilie hat entgiftende und reinigende Eigenschaften. Außerdem liefert das Gewürzkraut die für die Leber wichtigen Vitamine C und A, die beide entzündungshemmend wirken. Pfefferminze wirkt dank ihres ätherischen Öls ebenfalls entzündungshemmend und unterstützt die Leber bei Überlastung. Einen Tee mit frischen Zutaten können Sie ganz einfach selbst machen: Dafür mischen Sie je einen Teelöffel gehackte Petersilie und Pfefferminze mit 200 Milliliter heißem Wasser. Das Ganze etwa 15 Minuten köcheln, dann 10 Minuten ziehen lassen. Danach den Sud abseihen und mit einigen Tropfen Zitronensaft aufpeppen.

LÖWENZAHN

Im Garten macht er Ärger, in der Küche ist er ein Heilkraut: Löwenzahn wird in der Pflanzenheilkunde schon seit Jahrhunderten genutzt. Mit seinen Bitterstoffen wirkt er verdauungsfördernd und macht das Essen besser verträglich. Einige Studien belegen sogar, dass Löwenzahn, regelmäßig genossen, einer Fettleber entgegenwirken kann. Für einen Löwenzahntee übergießen Sie zwei Teelöffel getrocknete, zerkleinerte Löwenzahnblätter mit 150 Milliliter Wasser. Langsam zum Sieden bringen, kurz kochen und 10 Minuten ziehen lassen. Wenn Sie den Tee als Kur morgens und abends über vier bis sechs Wochen trinken, helfen Sie der Leber effektiv beim Entgiften.

SCHAFGARBE

Die Schafgarbe liefert reichlich Bitterstoffe, die die Produktion der Verdauungssäfte in Speichel, Magen und Galle anregen. Sie hilft daher bei Völlegefühl und Blähungen, außerdem hat sie eine krampflösende Wirkung. Schafgarbe ist zusammen mit Mariendistel und Löwenzahn eine klassische Zutat in Leber-Galle-Tees. Vorsicht: Die Schafgarbe gehört ebenso wie die Mariendistel zu den Korbblütlern. Wer auf diese allergisch reagiert, sollte die Heilpflanzen vorsichtshalber nicht anwenden.

LEBER-GALLE-TEE

Diesen Tee können Sie als fertige Mischung kaufen. Er regt die Gallebildung, den Gallenfluss und die Lebertätigkeit an und wirkt ver-verdauungsfördernd. Außerdem hat er eine krampflösende Wirkung. Als Inhaltsstoffe für Leber-Galle-Tees eignen sich neben Löwenzahn, Mariendistel oder Schafgarbe auch Salbei, Boldo, Javanische Gelbwurz oder Enzian, unter anderem, weil sie reichlich Bitterstoffe enthalten. Manchmal werden Leber-Galle-Tees auch mit Kurkuma ergänzt, weil dieses Gewürz antientzündlich wirkt (siehe Seite 41). Zubereitet werden die Teemischungen nach Packungsanweisung. Oft schmecken sie bitter, weshalb manch einer die leberfreundlichen Aufgüsse nur mit Mühe trinken kann. In diesen Fällen empfiehlt es sich, ein paar Blätter Pfefferminze oder getrocknete, geschnittene Pomeranzenschalen dazuzugeben, die in der Apotheke oder im Reformhaus erhältlich sind. Achten Sie bei allen Tees auf Bioqualität.

MÖHRENSAFT-KUR

Sie sind kein Teetrinker, möchten aber etwas für Ihre Gesundheit tun? Diese kleine Kur unterstützt die Entgiftungsarbeit der Leber: Trinken Sie zehn Tage lang jeden Morgen ein kleines Glas Möhrensaft mit drei Tropfen kalt gepresstem Olivenöl (am besten in Bioqualität).

Wichtig!

Heilkräutertees eignen sich nur als Begleitung bei leichten Leberstörungen wie einer milden Fettleber oder auch als vorbeugender Schutz – gemeinsam mit gesunder Ernährung und Bewegung –, um die Leber gar nicht erst verfetten zu lassen. In jedem Fall sollten Sie Teekuren mit Ihrer behandelnden Ärztin oder Ihrem Arzt absprechen. Generell gilt für Kräutertees: Diese haben eine Wirkung und deshalb auch Nebenwirkungen. Das können zum Beispiel Schwindel, Erbrechen oder sogar Halluzinationen sein. Man sollte darum nie über einen langen Zeitraum immer die gleichen Teesorten trinken und auch nicht überdosieren.

ENTSPANNENDE LEBERWICKEL

Nach dem Mittagessen macht die Leber gern Pause. Gönnen Sie dem hart arbeitenden Organ dann einen Leberwickel. Abends angewendet, kann der Wickel beim Einschlafen helfen. Dafür brauchen Sie nur wenige Utensilien, ein bisschen Zeit und vor allem Ruhe. Hier gibt's eine Anleitung.

Leberwickel und -kompressen sind alte Hausmittel mit großer Wirkung: Sie machen die Leber fit, während das Organ sich erholt. Feuchtwarme Waschlappen auf dem Bauch helfen vor allem nach einem fettigen Essen, denn sie beugen auch Darmkrämpfen vor. Wenn Sie es zeitlich einrichten können, darf der Leberwickel nach dem Mittagessen ruhig zu einem – zeitlich begrenzten – festen Ritual werden. Die Tücher werden zwar nur auf die Leber gelegt, wirken aber positiv im ganzen Körper.

VIELFÄLTIGE WIRKUNGEN

Leberwickel helfen unter anderem gegen Darmkrämpfe und unterstützen das Immunsystem, denn eine gesunde Leber bildet immunwirksame Stoffe. Feuchtwarme Wickel regen außerdem den Stoffwechsel an und verbessern die Verdauung. Da die Wärme entspannt, weiten sich die Gefäße in Leber und Gallenblase, sodass die Galle besser abfließt und Regenerationsprozesse beschleunigt werden. Leberwickel wirken auch positiv auf das parasympathische Nervensystem und sind darum bei Stress und Ärger empfehlenswert. Während der Wechseljahre lässt die Leberfunktion nach. Dann können Leberwickel bei Beschwerden wie Kopfschmerzen, schlechter Verdauung sowie depressiven Verstimmungen helfen. Auch wer schlecht einschläft und nur schwer in tieferen Schlaf findet, kann mit einem Leberwickel besser zur Ruhe kommen. Deshalb ist der Abend ein guter Zeitpunkt zum Wickeln. Nach vier bis sechs Wochen sollte mit einem Wickel pausiert werden.

WASSER, LAPPEN, WÄRMFLASCHE

Für wärmende Leberwickel brauchen Sie eine kleine Grundausstattung. Dazu gehören:

- Wasserkocher
- Wärmflasche
- Waschlappen
- kleine Schüssel, Schale oder Topf
- größeres (Hand-)Tuch, mit dem Sie den Körper umwickeln können
- eventuell eine warme Decke

UND SO GEHT'S

Suchen Sie sich für den Wickel ein ruhiges Plätzchen, an dem Sie sich wohlfühlen und nicht gestört werden. Gehen Sie in sechs Schritten vor:

1. Kochen Sie Wasser, verwenden Sie es aber nicht so heiß, dass Sie sich die Haut daran verbrennen. Füllen Sie einen Teil des Wassers in die Wärmflasche.

2. Das restliche Wasser geben Sie in die kleine Schale und „baden" Sie den Waschlappen darin, dann auswringen, sodass nichts tropft.

3. Legen Sie sich bequem auf den Rücken und legen Sie den feuchtwarmen Waschlappen auf die Leber, also auf den rechten Oberbauch.

4. Schlagen Sie darüber nun das große Handtuch um Ihren Körper, sodass der Wickel fest mit dem Bauch verbunden ist. Legen Sie die Wärmflasche auf die Leberregion.

5. Wenn es etwas kälter im Zimmer ist, legen Sie noch eine warme Decke drüber.

6. Genießen Sie die Auszeit ganz bewusst und bleiben Sie 20 Minuten entspannt liegen. Anschließend sollten Sie ohne den Wickel möglichst ebenso lange nachruhen.

ZUGABE VON HEILKRÄUTERN ODER SALZ

Sie können die leberanregende Wirkung des Wickels verstärken, indem Sie zusätzlich Heilpflanzen wie Löwenzahn oder Schafgarbe verwenden. Dafür zum Beispiel einen Esslöffel Schafgarbenkraut mit 500 Milliliter kochendem Wasser übergießen, etwa 5 Minuten zugedeckt ziehen lassen und abseihen. Den Waschlappen in den Sud tauchen und wie oben beschrieben weiter verfahren. Wer mag, kann auch nur ein paar Tropfen ätherisches Öl (zum Beispiel Rosmarin, Wacholder, Fenchel, Orange, Schafgarbe oder Zitrone) in das heiße Wickelwasser geben. Eine praktische Alternative, wenn Sie die Zutaten nicht im Haus haben: einfach etwas Salz im heißen Wasser auflösen.

SALBENAUFLAGE

Eine besondere Anwendung ist eine Auflage mit Stannum metallicum 0,4 % Salbe, die einer Verhärtung der Leber (Fibrose) entgegenwirken kann. Dafür streichen Sie die Salbe dünn auf ein Stück Leinen- oder Baumwollstoff. Dann legen Sie das Tuch mit der Salbenseite auf die Leberregion und befestigen Sie es, indem Sie ein großes Handtuch um den Körper wickeln. Legen Sie sich mit der Salbenauflage mindestens 15 Minuten hin, Sie können damit auch einschlafen. Man kann die Auflage drei- bis viermal verwenden – dann muss erneut Salbe aufgestrichen werden.

Vorsicht bei Beschwerden!

Auf keinen Fall sollten Sie einen Leberwickel anwenden, wenn die Leber akut entzündet ist! Bei Bauchschmerzen oder anderen Beschwerden im Bauchbereich, chronischen Krankheiten und Medikamenteneinnahme sprechen Sie vorher mit Ihrer Ärztin oder Ihrem Arzt. Frauen sollten während der Periode auf Wickel verzichten, da dieser die Blutung verstärken kann.

TEST: WIE FIT IST IHRE LEBER?

Die Leber tut nicht weh, wenn sie ihre Kraft verliert. Deshalb ist es schwer herauszufinden, wie es um die Gesundheit des Organs steht. Funktioniert Ihre Leber noch gut oder droht bereits eine Erkrankung? Mit diesem Test können Sie Ihr eigenes Risiko besser einschätzen.

Wie ernähren Sie sich?

- ◯ Ich achte auf die Mengen, esse viel Gemüse und Eiweiß. **2**
- ◯ Ich esse zwar gesund, aber zwischendurch immer wieder fett und zuckerhaltig. **1**
- ◯ Meist gibt es bei mir Fertigprodukte und Fast Food. **0**

Wie groß ist Ihr Bauchumfang?

- ◯ 80 cm oder weniger (Frauen), 94 cm oder weniger (Männer) **2**
- ◯ 81 bis 88 cm (Frauen), 95 bis 102 cm (Männer) **1**
- ◯ Mehr als 88 cm (Frauen), mehr als 102 cm (Männer) **0**

Wie alt sind Sie?

- ◯ Unter 35 **2**
- ◯ 36 bis 64 **1**
- ◯ 65 und älter **0**

Haben Sie erhöhte Blutzuckerwerte oder Diabetes?

- ◯ Nein **2**
- ◯ Ich habe leicht erhöhte Blutzuckerwerte. **0**
- ◯ Ja **1**

Sind Ihre Blutfettwerte erhöht?

- ◯ Ja **0**
- ◯ Nein **2**
- ◯ Das weiß ich nicht. **1**

Haben Sie Tätowierungen oder Piercings?

- ◯ Nein **2**
- ◯ Ja, sie wurden unter hygienischen Bedingungen gemacht. **1**
- ◯ Ja, ich weiß nicht, unter welchen Bedingungen sie gemacht wurden. **0**

Wie oft trinken Sie Alkohol?

- ◯ Ein- bis zweimal in der Woche in Maßen 1
- ◯ Nie 2
- ◯ Täglich 0

Wie oft trinken Sie Softdrinks und Obstsäfte?

- ◯ Jeden Tag 0
- ◯ Gelegentlich (zwei- bis dreimal pro Woche) 1
- ◯ Nie 2

Nehmen Sie regelmäßig Schmerzmedikamente?

- ◯ Nein 2
- ◯ Nur in Ausnahmefällen kurzfristig 1
- ◯ Ja 0

Wie ist es bei Ihnen mit dem Rauchen?

- ◯ Ich rauche regelmäßig jeden Tag. 0
- ◯ Nur hin und wieder im Ausnahmefall. 1
- ◯ Ich bin Nichtraucher. 2

Spüren Sie oft ein Druckgefühl im rechten Oberbauch?

- ◯ Ja, das kenne ich leider gut. 0
- ◯ Nur ganz selten 1
- ◯ Nie 2

Gibt es in Ihrer Familie Lebererkrankungen?

- ◯ Ja 0
- ◯ Nein 2
- ◯ Ich weiß nicht. 1

Liegen Ihre Leberwerte im grünen Bereich?

- ◯ Ja, es ist alles okay bei mir. 2
- ◯ Nein, bei mir wurden geringfügig erhöhte Werte festgestellt, die aber nur kurzzeitig auftraten. 1
- ◯ Meine Leberwerte sind dauerhaft erhöht. 0

Wie oft treiben Sie Sport?

- ◯ Regelmäßig mehrmals in der Woche 2
- ◯ Nur sehr selten 1
- ◯ Gar nicht 0

Essen Sie viel Brot, Nudeln, Reis, Kartoffeln und Süßigkeiten?

- ◯ Ja 0
- ◯ Nein 2
- ◯ Manchmal 1

Haben Sie schon einmal Drogen genommen?

- ◯ Nein, nie 2
- ◯ Ja, aber nur weiche (Haschisch, Ecstasy) 1
- ◯ Ja, auch härtere wie Kokain oder Heroin 0

Sind Sie gegen Hepatitis A und B geimpft?

- ◯ Ja 2
- ◯ Nein 0
- ◯ Das weiß ich nicht. 1

Fühlen Sie sich oft müde, wenn es eigentlich keinen Grund dafür gibt?

- ◯ Ja 0
- ◯ Nein 2
- ◯ Gelegentlich 1

Gab es bei Ihnen in letzter Zeit deutliche Gewichtsveränderungen, ohne dass Sie etwas dafür getan haben?

- ◯ Nein, ich halte mein Gewicht, beziehungsweise nehme ab, wenn ich eine Diät mache. 2
- ◯ Ich habe viel zugenommen. 1
- ◯ Ich habe Gewicht verloren und weiß nicht warum. 0

Haben Sie vor 1991/1992 Bluttransfusionen bekommen?

- ◯ Ja 0
- ◯ Nein 2
- ◯ Ja, aber ich habe einen Test gemacht und wurde behandelt, beziehungsweise der Test zeigte, dass alles in Ordnung ist. 1

Wie hoch ist Ihr BMI (Seite 19)?

- ◯ Unter 20 bis 25 2
- ◯ 26 bis 30 1
- ◯ Über 30 0

Essen Sie viel Fettes?

- ◯ Täglich 0
- ◯ Manchmal (2- bis 3-mal pro Woche) 1
- ◯ Kaum, nur in Ausnahmefällen 2

Arbeiten Sie mit giftigen Substanzen, zum Beispiel mit Gasen oder Lösungsmitteln?

- ◯ So gut wie nie 2
- ◯ Manchmal 1
- ◯ Regelmäßig 0

Reisen Sie viel ins Ausland – vor allem nach Asien, Afrika oder Mittelamerika?

- ◯ Nein 2
- ◯ Gelegentlich 1
- ◯ Häufig 0

AUSWERTUNG

Addieren Sie die Anzahl Ihrer Punkte.

32 und mehr Punkte

Sie haben ein sehr gutes Ergebnis. Wahrscheinlich besteht bei Ihnen kein erhöhtes Risiko für eine Fettleber oder eine andere Lebererkrankung. Dennoch sollten Sie nicht nur auf Ihren gesunden Lebensstil setzen. Das gilt vor allem, wenn Sie älter sind. Lassen Sie Ihre Leberwerte im Rahmen eines Gesundheits-Check-ups kontrollieren und achten Sie auf typische Symptome.

16 bis 31 Punkte

Ihr Risiko für eine Fettleber oder andere Lebererkrankungen ist bereits erhöht. Wenn Sie Ihren Lebensstil in den Punkten verbessern, in denen es möglich ist und in denen Sie schlechter abgeschnitten haben, können Sie ungesunde Entwicklungen wahrscheinlich relativ schnell stoppen. Informieren Sie sich, achten Sie auf typische Symptome und suchen Sie gegebenenfalls einen Facharzt für Lebererkrankungen auf, also einen Gastroenterologen oder einen Hepatologen.

15 und weniger Punkte

Bei Ihnen besteht bereits ein sehr hohes Risiko für eine Lebererkrankung. Betrachten Sie Ihr Ergebnis als Warnung. Versuchen Sie, Ihren Lebensstil sofort zu verbessern (Anregungen finden Sie in diesem Buch), denn selbst schwere Schädigungen können mit der richtigen Ernährung gebessert werden. Machen Sie einen Termin beim Facharzt, also bei einem Gastroenterologen oder einem Hepatologen.

LEBERGESUND GENIESSEN

Viel Gemüse, gesunde Fette, pflanzliches Eiweiß und „langsame" Kohlenhydrate, das ist die Erfolgsformel für eine lebergesunde Ernährung. Unsere Rezepte helfen Ihnen dabei, sie Tag für Tag im Alltag umzusetzen: ohne großen Aufwand, aber mit viel Genuss. Nach einem sättigenden Frühstück gibt es tagsüber jeweils ein größeres und ein kleineres Gericht – mal vegetarisch, mal mit Fisch oder Fleisch. So schonen Sie vor allem Ihre Leber, aber auch den gesamten Stoffwechsel. Wer kurzfristig den „Detox-Turbo" einschalten möchte, findet in jedem Kapitel leckere Rezepte für 800-Kalorien-Fastentage. Der Wochenplan auf Seite 170 zeigt Ihnen, wie Sie diese am besten in Ihr Anti-Fettleber-Programm integrieren können. Mit einer lebergesunden Ernährung tun Sie sich jeden Tag etwas Gutes – und überflüssige Pfunde werden Sie dabei garantiert auch verlieren.

FRÜHSTÜCK

Um morgens mit Power durchzustarten, sollten Sie sich ein leichtes, aber gehaltvolles Frühstück gönnen, das lange satt macht. So vermeiden Sie, dass Sie nach kurzer Zeit in ein Energietief fallen, und tricksen Heißhungerattacken clever aus. Ob fruchtige Bowl, Hafer-Nuss-Brot oder herzhaftes Rührei – hier finden Sie leckere Ideen, um gut gestärkt den Tag zu beginnen. Der Clou: ein selbst gemachtes Low-Carb-Müsli, das Sie immer wieder neu variieren können.

LOW-CARB-MÜSLIMISCHUNG

Für ca. 750 g (ca. 15 Portionen)
250 g 6-Korn-Flocken
30 g gepuffter Amarant
50 g Leinsamen
(nach Belieben geschrotet)
150 g Haselnusskerne
125 g Sonnenblumenkerne
125 g Kürbiskerne
1 EL Zucker

Nährwerte pro Portion (ca. 50 g):
ca. 255 kcal,
10 g EW, 17 g F, 14 g KH

Zubereitung:
15 Minuten

- Die 6-Korn-Flocken mit Amarant-Pops und Leinsamen in einer Schüssel mischen. Die Haselnüsse hacken und mit den Sonnenblumen- und Kürbiskernen in einer beschichteten Pfanne ohne Fett anrösten. Den Zucker darüberstreuen und alles unter Rühren hell karamellisieren. Dann auf einem Bogen Backpapier verteilen und abkühlen lassen.

- Den Nuss-Kerne-Crunch nach Belieben etwas zerkleinern und unter die Flockenmischung geben. Die Müslimischung in einem Vorratsglas aufbewahren.

- Zum Servieren pro Person 1 Portion (ca. 50 g) Low-Carb-Müslimischung nach Belieben mit Beeren und ungesüßten Milchersatzprodukten auf Mandel- oder Haferbasis in einer Schale anrichten. Wer sich nicht vegan ernähren möchte, kann auch Joghurt oder Quark nehmen.

- Vorschläge, wie Sie die Müslimischung immer wieder neu variieren können, finden Sie auf der folgenden Doppelseite.

Die meisten Müslimischungen, die Sie im Supermarkt kaufen können, enthalten sehr viel Zucker. Bei dieser selbst gemachten Low-Carb-Variante kommt gerade mal 1 EL Zucker auf 15 Portionen Müsli, um den Kernen einen köstlichen Crunch zu verleihen. Sie werden sehen: Das schmeckt mindestens genauso gut und hilft Ihrer Leber, Fetteinlagerungen abzubauen. Die in den Haferflocken enthaltenen Beta-Glukane sind Ballaststoffe, die den Blutzuckerspiegel nur mäßig ansteigen lassen und chronischen Entzündungsprozessen entgegenwirken. Dadurch wird die Leber entlastet.

1 LOW-CARB-MÜSLI – 4 LECKERE VARIANTEN

So kommt Abwechslung auf den Frühstückstisch: Nehmen Sie das Low-Carb-Müsli von Seite 62 als Basis und peppen Sie es immer wieder anders auf: ob als warmer Porridge, im Bircher-Style oder als zitrusfruchtiger Hüttenkäse-Mix. Das Trinkmüsli eignet sich super zum Mitnehmen!

HIMBEER-PORRIDGE

Für 2 Personen: In einem Topf **90 g Low-Carb-Müslimischung** mit **¼ l ungesüßtem Haferdrink** aufkochen und bei schwacher Hitze etwa 2 Minuten köcheln lassen, sodass ein sämiger Brei entsteht. In der Zwischenzeit **350 g Himbeeren** verlesen, waschen und trocken tupfen. Den Porridge auf Schalen verteilen und mit den Himbeeren garnieren.

Nährwerte pro Portion:
ca. 340 kcal,
11 g EW, 18 g F, 28 g KH

NEKTARINEN-BUTTERMILCH-TRINKMÜSLI

Für 2 Personen: **2 Nektarinen** waschen, halbieren, entkernen und in kleine Würfel schneiden. Nektarinenwürfel, **45 g Low-Carb-Müslimischung** und **½ l Buttermilch** in den Standmixer oder einen hohen Rührbecher geben und mit dem Stabmixer fein pürieren. Das Trinkmüsli auf große Gläser verteilen und nach Belieben mit Nektarinen garnieren.

Nährwerte pro Portion:
ca. 270 kcal,
14 g EW, 9 g F, 33 g KH

BIRCHERMÜSLI

Für 2 Personen: Am Vorabend **90 g Low-Carb-Müslimischung** in einer Schüssel mit 150 ml Wasser übergießen und im Kühlschrank zugedeckt über Nacht quellen lassen. Am nächsten Morgen **1 Apfel** waschen, vierteln, entkernen und auf der Gemüsereibe grob raspeln. Apfel, **300 g Magerquark** und **½ TL Zimtpulver** unter die Müslimischung rühren. Das Birchermüsli auf Schalen verteilen.

Nährwerte pro Portion:
ca. 350 kcal,
26 g EW, 14 g F, 30 g KH

GRAPEFRUIT-ORANGEN-FRISCHKÄSE

Für 2 Personen: Je **1 Grapefruit und Orange** filetieren (siehe Seite 118), dabei den austretenden Saft auffangen. Die Zitrusfilets mit dem aufgefangenen Zitrussaft, **1 EL gehackter Zitronenmelisse** und **200 g körnigem Frischkäse (Hüttenkäse)** mischen. Auf Schalen verteilen und mit **45 g Low-Carb-Müslimischung** bestreuen.

Nährwerte pro Portion:
ca. 335 kcal,
19 g EW, 12 g F, 30 g KH

PAPAYA-JOGHURT-BOWL

Für 2 Personen
400 g Papaya
250 g Joghurt (1,5 % Fett)
2 TL Leinöl
60 g Haferflocken
½ TL Zimtpulver
2 EL Kokos-Chips
2 EL Kakao-Nibs
2 EL Leinsamen
2 EL geschälte Hanfsamen

Nährwerte pro Portion:
ca. 510 kcal,
21 g EW, 28 g F, 41 g KH

Zubereitung:
10 Minuten

- Die Papaya eventuell halbieren, entkernen und schälen. Das Fruchtfleisch grob in Würfel schneiden.

- Von den Papayawürfeln etwa 2 EL zum Garnieren beiseitelegen. Die übrige Papaya mit Joghurt, Leinöl, Haferflocken, Zimt und nach Belieben ½ TL gemahlener Kurkuma im Standmixer oder in einem hohen Rührbecher mit dem Stabmixer fein pürieren.

- Den Smoothie auf Schalen (Bowls) verteilen und mit Kokos-Chips, Kakao-Nibs, Lein- und Hanfsamen in Linien nebeneinander garnieren. Die beiseitegestellten Papayawürfel ebenfalls darauf anrichten.

- Für eine vegane Bowl den Kuhmilchjoghurt durch eine (ungesüßte!) pflanzliche Alternative auf Kokos- oder Mandelbasis ersetzen.

Allein schon die Bowl liefert mit Leinöl, Haferflocken, Papaya und Joghurt jede Menge Nährstoffe, die Ihren Körper bestens versorgen. Das Topping ist zudem ein echter Gesundheits-Booster. In den Hanf- und Leinsamen stecken wertvolle Fettsäuren, die Entzündungen hemmen. Zudem punkten die Samen mit einer Extraportion Ballaststoffe. Nicht zu vergessen: Die rohen Kakaobohnen-Splitter sind natürliche Blutdrucksenker und wirken antioxidativ.

HAFER-NUSS-BROT

Für 1 großen Laib (ca. 40 Scheiben)
50 g Leinsamen
50 g helle Sesamsamen
200 g kernige Haferflocken
½ l Buttermilch
250 g Dinkelvollkornmehl
500 g Dinkelmehl (Type 1050)
1 Würfel frische Hefe (42 g)
1 TL Zucker
100 g Haselnusskerne
1 EL Salz
Mehl zum Arbeiten

Nährwerte pro Scheibe:
ca. 120 kcal,
5 g EW, 3 g F, 17 g KH

Zubereitung:
25 Minuten
Einweichen:
8 Stunden (über Nacht)
Ruhen:
1 Stunde 45 Minuten
Backen:
50 Minuten

- Am Vorabend Lein- und Sesamsamen in einer Pfanne ohne Fett anrösten. Mit den Haferflocken (bis auf 3 EL) in einer Schüssel mit 400 ml Wasser mischen und zugedeckt etwa 8 Stunden, am besten über Nacht, quellen lassen.

- Am nächsten Tag die Buttermilch lauwarm erhitzen. Beide Mehlsorten in eine Rührschüssel geben und eine Mulde hineindrücken. Die Hefe in die Mulde bröckeln und den Zucker darüberstreuen. Etwa 150 ml warme Buttermilch dazugießen und verrühren, den Vorteig zugedeckt etwa 15 Minuten stehen lassen.

- Inzwischen die Haselnüsse in einer Pfanne ohne Fett anrösten, herausnehmen und abkühlen lassen. Die übrige Buttermilch (350 ml) mit Flocken-Samen-Mix und Salz zum Vorteig geben und alles mit den Knethaken des Handrührgeräts homogen verkneten, zuletzt die Nüsse unterkneten. Den Teig zugedeckt etwa 45 Minuten ruhen lassen.

- Dann den Teig auf der leicht bemehlten Arbeitsfläche durchkneten, rund formen, auf einen Bogen Backpapier legen, mit einem Küchentuch bedeckt nochmals etwa 45 Minuten gehen lassen. Backofen auf 230 °C vorheizen, dabei ein Backblech auf die unterste Schiene schieben.

- Die Oberseite des Brotes mit Wasser bestreichen und mit den beiseitegestellten Haferflocken bestreuen. Das Brot samt Backpapier auf ein umgedrehtes zweites Backblech ziehen und auf das Blech im Ofen schieben. 50 ml kaltes Wasser auf den Ofenboden gießen, die Tür rasch schließen und das Brot im Ofen etwa 50 Minuten backen. Nach etwa 20 Minuten Backzeit die Ofentemperatur auf 200 °C reduzieren. Das Brot aus dem Ofen nehmen und auf einem Kuchengitter vollständig auskühlen lassen. Den großen Laib am besten vierteln und dann in Scheiben schneiden.

RÜHREI-BROTE
MIT KRABBEN UND GURKEN

Für 2 Personen
1 Mini-Salatgurke
4 Stiele Dill
150 g Nordseekrabben (vorgegart und geschält)
3 EL Rapsöl
1 EL Weißweinessig
Salz, Pfeffer aus der Mühle
4 Eier (Größe M)
50 ml Milch (1,5 % Fett)
2 Scheiben Vollkornbrot (à ca. 50 g)

Nährwerte pro Portion:
ca. 460 kcal,
32 g EW, 25 g F, 24 g KH

Zubereitung:
15 Minuten

- Die Gurke waschen, schälen, längs halbieren und die Kerne mit einem Teelöffel herauskratzen. Die Gurkenhälften nochmals längs halbieren und quer in dünne Scheiben schneiden. Den Dill waschen, trocken tupfen, die Spitzen abzupfen und fein hacken.

- Die Krabben in ein Sieb abgießen und abtropfen lassen. Dann mit Gurke, Dill, 2 EL Öl und Essig in einer Schüssel mischen und mit Salz und Pfeffer würzen.

- Die Eier in eine Schüssel aufschlagen. Milch, Salz und Pfeffer dazugeben und die Eier mit einer Gabel verquirlen. Das restliche Öl (1 EL) in einer beschichteten Pfanne erhitzen. Die Brotscheiben darin auf jeder Seite knusprig braten, aus der Pfanne nehmen und warm halten.

- Dann die Eiermischung in die Pfanne geben und so lange braten, bis die Eier gestockt sind. Dabei die Eier mit einem Pfannenwender immer wieder vom Pfannenrand zur Mitte schieben, bis die gewünschte Konsistenz erreicht ist.

- Zum Servieren die Vollkornbrote auf Teller oder Holzbrettchen setzen und jeweils die Hälfte des Rühreis daraufgeben. Den Krabben-Gurken-Mix auf und neben den Broten verteilen. Nach Belieben mit je 1 Klecks saurer Sahne garnieren.

Wegen ihres hohen Cholesteringehalts hatten Eier lange einen schlechten Ruf – das ist passé. Zu Recht, denn die kleinen Kraftpakete können mit tollen „inneren Werten" punkten: Sie enthalten reichlich Vitamine, Mineralstoffe sowie Lezithin. Wichtig sind vor allem hochwertige Proteine, die verhindern, dass Sie Muskeln abbauen.

PANCAKES MIT OBSTSALAT
UND VANILLESAUCE

Für 2 Personen

Für die Pancakes
40 g Dinkelvollkornmehl
60 g Dinkelmehl (Type 1050)
1 TL Backpulver
2 Eier (Größe M)
1 EL Zucker
Salz
100 g saure Sahne
2 EL Butter

Für den Obstsalat
2 Aprikosen
1 säuerlicher Apfel (z. B. Topaz)
100 g Blaubeeren
1 EL Zitronensaft

Für die Sauce
100 g saure Sahne
¼ TL gemahlene Vanille
1 TL Zucker

Nährwerte pro Portion:
ca. 560 kcal,
17 g EW, 25 g F, 64 g KH

Zubereitung:
25 Minuten

- Für die Pancakes beide Mehlsorten mit dem Backpulver mischen. Eier, Zucker und 1 Prise Salz mit den Quirlen des Handrührgeräts schaumig schlagen. Erst die saure Sahne, dann die Mehlmischung unterziehen. Den Teig ruhen lassen, bis der Obstsalat und die Sauce vorbereitet sind.

- Für den Obstsalat die Aprikosen waschen, halbieren, entsteinen und in Spalten schneiden. Den Apfel waschen, vierteln, entkernen und quer in feine Scheiben schneiden. Die Blaubeeren verlesen, waschen und trocken tupfen. Das Obst mit dem Zitronensaft mischen. Für die Sauce die saure Sahne mit Vanille und Zucker verrühren.

- Die Butter in einer beschichteten Pfanne zerlassen, vier Teigkleckse hineinsetzen und bei mittlerer Hitze braten, bis die Unterseite gebräunt ist. Die Pancakes wenden und die andere Seite ebenfalls goldbraun braten. Dann aus der Pfanne nehmen und warm halten. Aus dem restlichen Teig auf die gleiche Art nochmals vier Pancakes backen.

- Zum Servieren je vier Pancakes mit Obstsalat auf Tellern anrichten und mit Vanillesauce beträufeln.

Mit einer Portion Obst am Morgen tanken Sie wertvolle Vitamine und schnell verfügbare Energie, die der Stoffwechsel zu früher Stunde besonders gut verwerten kann. Dass die im Obst enthaltene Fruktose Ihrer Leber schaden könnte, müssen Sie nicht befürchten – da sind Softdrinks und Fertiggerichte das „echte" Problem (siehe Seite 9). Trotzdem empfiehlt es sich, Früchte zu bevorzugen, die einen hohen Wasser- und Ballaststoff-, aber eher geringen Zuckergehalt haben. Dazu zählen Beeren, säuerliche Äpfel, Orangen, Aprikosen oder Papaya.

KALORIENFASTEN: 4 REZEPTE MIT 200 KCAL

Wer seiner Leber und dem gesamten Stoffwechsel etwas Gutes tun will, reduziert einfach ab und zu die Kalorien. Hier finden Sie schnelle Frühstücksideen für die 800-Kalorien-Tage.

OVERNIGHT OATS MIT ZWETSCHGEN

Für 2 Personen: Am Vorabend **200 g Zwetschgen** waschen, halbieren, entsteinen und vierteln. Mit **¼ Sternanis** und 4 EL Wasser in einem Topf mit geschlossenem Deckel etwa 5 Minuten köcheln lassen, bis die Zwetschgen zerfallen. Das Kompott über Nacht abkühlen lassen. In einer Schüssel **60 g zarte Haferflocken**, **1 Prise Zimtpulver** und **200 ml Milch (1,5 % Fett) oder ungesüßten Haferdrink** verrühren und zugedeckt über Nacht kühl stellen. Am nächsten Tag die Oats auf Schalen verteilen und das Kompott daraufgeben.

Nährwerte pro Portion:
ca. 200 kcal,
9 g EW, 4 g F, 31 g KH

ERDBEER-CARPACCIO MIT SKYR

Für 2 Personen: **250 g Erdbeeren** waschen, putzen, in dünne Scheiben schneiden und auf Tellern leicht überlappend auslegen. **180 g Skyr**, **¼ TL gemahlene Vanille** und **1 TL Zucker** verrühren und je 1 Klecks mittig auf die Erdbeeren setzen. **30 g Mandelblättchen** in einer Pfanne ohne Fett anrösten, kurz abkühlen lassen und darüberstreuen.

Nährwerte pro Portion:
ca. 200 kcal,
14 g EW, 9 g F, 14 g KH

KNÄCKEBROT MIT PAPRIKAHÜTTENKÄSE

Für 2 Personen: **150 g gelbe Paprikaschote** längs halbieren, putzen, waschen und klein würfeln. Mit **40 g Aivar, ½ TL getrocknetem Thymian, 1 fein gewürfelten Knoblauchzehe** nach Belieben, **¼ TL edelsüßem Paprikapulver, 180 g körnigem Frischkäse (Hüttenkäse), Salz und Pfeffer** mischen. Den Paprikahüttenkäse auf **6 Scheiben Vollkornknäckebrot** verteilen und auf Tellern anrichten.

Nährwerte pro Portion:
ca. 210 kcal,
14 g EW, 5 g F, 20 g KH

ROHKOST MIT KRÄUTERHUMMUS

Für 2 Personen: **1 Mini-Gurke (ca. 100 g), 1 rote Paprikaschote** und **150 g Fenchel** putzen, waschen und in Streifen schneiden. **120 g Kichererbsen (aus der Dose)** in einem Sieb abbrausen und abtropfen lassen, mit **1 EL Tahin (Sesampaste), 1 EL Olivenöl, 1 EL Zitronensaft, Salz, Pfeffer** und den **Blättern von 2 Stielen Petersilie** mit dem Stabmixer fein pürieren. Nach Belieben mit **Chiliflocken** würzen. Die Gemüsesticks mit dem Hummus servieren.

Nährwerte pro Portion:
ca. 200 kcal,
10 g EW, 10 g F, 18 g KH

HAUPTGERICHTE

Sich einmal am Tag mit gesunden Zutaten richtig satt essen, egal ob mittags oder abends – dieses Prinzip schont Ihre Leber und den Blutzuckerspiegel. Setzen Sie dabei vor allem auf Gemüse, das auch bei unseren Fisch- und Fleischgerichten nicht nur ein Nebendarsteller ist. Bei allen Rezepten sind die Beilagen klein gehalten oder kommen in der Vollkornvariante auf den Teller – das hält Ihr Kohlenhydrat-Konto im Zaum. Besonders praktisch: unsere Mini-Rezepte mit nur 5 Zutaten, wenn es mal noch schneller gehen muss.

BLUMENKOHLCURRY
MIT MANDELN UND NATURREIS

Für 2 Personen
60 g Naturreis
Salz
600 g Blumenkohl
1 Zwiebel
30 g Ingwer
2 Knoblauchzehen
1 EL Rapsöl
½ TL Korianderkörner
½ TL gemahlener Kreuzkümmel
½ TL Zimtpulver
½ TL gemahlene Kurkuma
1 Dose stückige Tomaten (400 g)
40 g Mandeln
¼ Granatapfel
1–2 TL Currypulver
150 g Joghurt (1,5 % Fett)
Pfeffer aus der Mühle

Nährwerte pro Portion:
ca. 480 kcal,
21 g EW, 18 g F, 49 g KH

Zubereitung:
30 Minuten

● Den Reis in einem Topf in Salzwasser nach Packungsanweisung bissfest garen. Inzwischen den Blumenkohl putzen, waschen und in Röschen teilen. Den Strunk schälen und in Würfel schneiden. Zwiebel, Ingwer und Knoblauch schälen und fein würfeln.

● Das Öl in einer Pfanne erhitzen. Blumenkohl, Zwiebel, Ingwer, Knoblauch, Korianderkörner, Kreuzkümmel, Zimt und Kurkuma darin etwa 2 Minuten anbraten. Die stückigen Tomaten dazugeben, alles aufkochen und mit geschlossenem Deckel bei mittlerer Hitze etwa 10 Minuten köcheln lassen, bis der Blumenkohl gar ist.

● Währenddessen die Mandeln grob hacken und in einer Pfanne ohne Fett anrösten, herausnehmen und abkühlen lassen. Den Granatapfel in einer Schüssel mit Wasser in Stücke brechen, die Kerne am besten unter Wasser herauslösen und in ein Sieb abgießen.

● Zum Servieren Currypulver und Joghurt unter das Curry mischen und alles mit Salz und Pfeffer abschmecken. Das Curry mit dem Reis in tiefen Tellern oder Schalen anrichten und mit Mandeln und Granatapfelkernen bestreuen.

Wie alle Vertreter der großen Kohlfamilie enthält der Blumenkohl Glukosinolate, auch Senfölglykoside genannt, die nicht nur für den leicht schweflig-würzigen Geschmack sorgen, sondern Ihrem Körper auch jede Menge Gutes tun: Sie regen beispielsweise Leber und Galle an, wirken antibakteriell und sollen sogar vor Krebserkrankungen schützen.

VOLLKORNNUDELN
MIT FETA UND RATATOUILLE

Für 2 Personen
1 gelbe Paprikaschote
1 kleine Aubergine
1 kleine Zucchini
1 Zwiebel
2 Knoblauchzehen
¼ TL Fenchelsamen
2 EL Olivenöl
1 EL Tomatenmark
1 Dose stückige Tomaten (400 g)
Salz, Pfeffer aus der Mühle
1 TL getrockneter Rosmarin
100 g Vollkornpenne
50 g Kalamata-Oliven
(ohne Stein)
100 g Feta light
(Schafskäse; 9 % Fett)

Nährwerte pro Portion:
ca. 555 kcal,
23 g EW, 23 g F, 56 g KH

Zubereitung:
35 Minuten

- Die Paprikaschote längs halbieren, entkernen, waschen und in etwa 3 cm große Stücke schneiden. Die Aubergine putzen, waschen und etwa 2 cm groß würfeln. Die Zucchini putzen, waschen, längs halbieren und quer in Scheiben schneiden. Zwiebel und Knoblauch schälen, die Zwiebel in schmale Spalten, den Knoblauch in dünne Scheiben schneiden. Die Fenchelsamen im Mörser zerstoßen.

- In einem großen Topf das Öl erhitzen und das Gemüse darin etwa 3 Minuten anbraten. Das Tomatenmark dazugeben und etwa 1 Minute mitrösten. Die stückigen Tomaten dazugießen, alles aufkochen und mit Salz, Pfeffer, Fenchelsamen und Rosmarin würzen. Dann das Ratatouille mit geschlossenem Deckel bei schwacher bis mittlerer Hitze etwa 15 Minuten köcheln lassen.

- Inzwischen die Vollkornpenne in reichlich kochendem Salzwasser nach Packungsanweisung bissfest garen. In ein Sieb abgießen, abtropfen lassen und eventuell warm halten.

- Zum Servieren die Oliven unter das Ratatouille mischen und kurz darin erhitzen. Das Gemüse nochmals abschmecken und mit den Nudeln auf Teller verteilen. Den Feta zerkrümeln und über die Pasta streuen.

Die mediterrane Küche liefert viele köstliche Zutaten für eine lebergesunde Ernährung: Aubergine, Rosmarin und Thymian heilen mit Bitterstoffen. Oliven und ihr Öl, Paprika, Tomaten, Zwiebeln und Knoblauch helfen dank der enthaltenen Polyphenole, Karotinoide sowie Vitamin C und E, Entzündungen zu hemmen.

PASTINAKEN-RISOTTO
MIT GRAUPEN UND HASELNÜSSEN

Für 2 Personen
1 kleine Zwiebel
500 g Pastinaken
2 EL Olivenöl
80 g Graupen
½ l Gemüsebrühe
4 EL Haselnusskerne
30 g Parmesan (am Stück)
4 Zweige Thymian
Salz, Pfeffer aus der Mühle
4 EL Sahne

Nährwerte pro Portion:
ca. 650 kcal,
17 g EW, 35 g F, 64 g KH

Zubereitung:
40 Minuten

- Die Zwiebel schälen und fein würfeln. Die Pastinaken putzen und schälen. Zwei Drittel davon auf der Gemüsereibe fein raspeln, den Rest in etwa 1 cm große Würfel schneiden.

- In einem Topf 1 EL Öl erhitzen und die Graupen darin etwa 2 Minuten anrösten. Zwiebel und geraspelte Pastinaken dazugeben und etwa 2 Minuten mitdünsten. ¼ l Brühe angießen, alles aufkochen und offen bei schwacher bis mittlerer Hitze köcheln lassen, dabei immer wieder umrühren. Sobald die Flüssigkeit fast vollständig eingekocht ist, etwas Brühe nachgießen. Diesen Vorgang so lange wiederholen, bis die Graupen weich sind. Das dauert 25 bis 30 Minuten.

- Inzwischen die Haselnüsse in einer Pfanne ohne Fett anrösten, herausnehmen und abkühlen lassen, dann grob hacken. Den Parmesan reiben. Den Thymian waschen, trocken tupfen und die Blätter abzupfen.

- Das restliche Öl (1 EL) in der Pfanne erhitzen und die Pastinakenwürfel darin bei mittlerer Hitze 6 bis 8 Minuten anbraten, bis sie leicht gebräunt sind. Salzen und pfeffern.

- Zum Servieren die Sahne und die Hälfte des Parmesans unter den Risotto heben, mit Salz und Pfeffer abschmecken und noch kurz zugedeckt ruhen lassen. Den Risotto auf Teller verteilen, mit Pastinakenwürfeln, restlichem Parmesan, Haselnüssen und Thymian bestreuen.

Ein guter Trick, um die Kohlenhydrate auf dem Teller zu reduzieren, besteht darin, den Gemüseanteil zu erhöhen. Hier sorgen statt einer großen Menge Reis bzw. Graupen ballaststoffreiche und aromatische Pastinaken für eine lange Sättigung und ein gutes Bauchgefühl.

GEMÜSEPFANNE MIT SPIEGELEI
UND VOLLKORNCROÛTONS

Für 2 Personen
2 Scheiben Vollkornbrot
(à ca. 40 g)
300 g Steckrübe
200 g Petersilienwurzeln
4 Frühlingszwiebeln
2 EL Rapsöl
50 ml Gemüsebrühe
Salz, Pfeffer aus der Mühle
1 TL gemahlener Kümmel
4 Eier
¼ Bund Schnittlauch

Nährwerte pro Portion:
ca. 445 kcal,
22 g EW, 22 g F, 35 g KH

Zubereitung:
30 Minuten

- Die Brotscheiben in etwa 1 cm große Würfel schneiden und in einer Pfanne ohne Fett knusprig rösten. Die Vollkorn-Croûtons herausnehmen und abkühlen lassen.

- Inzwischen Steckrübe und Petersilienwurzeln putzen, schälen und in etwa 1 cm große Würfel schneiden. Die Frühlingszwiebeln putzen, waschen und in Ringe schneiden.

- In einer beschichteten Pfanne 1 EL Öl erhitzen und das vorbereitete Gemüse darin etwa 2 Minuten andünsten. Die Brühe dazugeben, das Gemüse mit Salz, Pfeffer und Kümmel würzen und mit geschlossenem Deckel bei schwacher bis mittlerer Hitze etwa 10 Minuten garen.

- Dann das Gemüse an vier Stellen in der Pfanne etwas zur Seite schieben und das restliche Öl (1 EL) auf die Mulden verteilen. Die Eier nacheinander in eine Tasse aufschlagen, jeweils in eine Mulde gleiten lassen und zu Spiegeleiern braten. Die Eier salzen und pfeffern.

- Den Schnittlauch waschen, trocken tupfen und in feine Röllchen schneiden. Gemüse und Eier in der Pfanne mit Schnittlauchröllchen und Croûtons bestreuen und zum Servieren auf den Tisch stellen.

Welches Fett darf in die Pfanne? Öle mit einem hohen Anteil an mehrfach ungesättigten Fettsäuren sind kaum oxidationsstabil und bei längerem Erhitzen können ungesunde Transfette entstehen. Für das scharfe Anbraten verwenden Sie am besten raffiniertes Raps- oder Olivenöl, Kokosfett oder sogenannte High-Oleic-Öle. Für das schonende Anbraten können Sie auch kalt gepresstes, extra natives Olivenöl verwenden.

DINKELPFANNKUCHEN MIT LAUCH-PILZ-FÜLLUNG

Für 2 Personen
50 g Dinkelvollkornmehl
50 g Dinkelmehl (Type 1050)
2 Eier (Größe M)
Salz
125 ml Milch (1,5 % Fett)
125 ml Mineralwasser (mit Kohlensäure)
4 Stiele Petersilie
200 g Champignons
400 g Lauch
3 EL Rapsöl
150 ml Gemüsebrühe
50 g Crème légère
Pfeffer aus der Mühle

Nährwerte pro Portion:
ca. 505 kcal,
22 g EW, 26 g F, 45 g KH

Zubereitung:
30 Minuten

- Beide Mehlsorten in einer Rührschüssel mischen, die Eier und ½ TL Salz dazugeben und alles mit einem Schneebesen gründlich verrühren. Nach und nach Milch und Mineralwasser dazugießen und alles zu einem glatten Teig verrühren. Die Petersilie waschen, trocken tupfen, die Blätter abzupfen, fein hacken und unter den Teig heben. Den Teig zugedeckt ruhen lassen.

- Inzwischen die Pilze putzen, falls nötig, trocken abreiben und in Scheiben schneiden. Den Lauch putzen, längs halbieren, gründlich waschen und quer in Streifen schneiden.

- In einer Pfanne 1 EL Öl erhitzen und die Pilze darin bei mittlerer bis starker Hitze so lange braten, bis keine Flüssigkeit mehr austritt. Den Lauch dazugeben und etwa 2 Minuten mitdünsten. Die Brühe dazugießen, alles aufkochen und mit geschlossenem Deckel bei schwacher bis mittlerer Hitze noch etwa 8 Minuten garen.

- In einer zweiten Pfanne ½ EL Öl erhitzen. Ein Viertel des Pfannkuchenteigs darin durch Schwenken verteilen. Den Pfannkuchen bei mittlerer bis starker Hitze backen, bis die Oberfläche gestockt und die Unterseite gebräunt ist. Wenden und die andere Seite ebenfalls goldbraun braten. Den Pfannkuchen auf einen Teller gleiten lassen und im auf 80 °C vorgeheizten Backofen warm halten. Aus dem restlichen Teig und Öl drei weitere Pfannkuchen backen.

- Zum Servieren die Crème légère unter das Lauch-Pilz-Gemüse rühren, das Gemüse mit Salz und Pfeffer würzen. Je ein Viertel des Gemüses auf eine Pfannkuchenhälfte geben und die andere Pfannkuchenhälfte darüberklappen. Jeweils zwei Pfannkuchen auf einen Teller geben.

MÖHREN-VOLLKORNSPAGHETTI MIT KICHERERBSEN-SUGO

Für 2 Personen
300 g Möhren
80 g Vollkornspaghetti
Salz
1 Zwiebel
1 EL Olivenöl
½ TL gemahlener Kreuzkümmel
1 TL Ras el Hanout (arab. Gewürzmischung; ersatzweise Garam Masala oder Currypulver)
1 Dose stückige Tomaten (400 g)
1 kleine Dose Kichererbsen (ca. 125 g Abtropfgewicht)
2 EL Mandeln
2 EL gehackte Petersilie (ersatzweise Koriandergrün)
Pfeffer aus der Mühle

Nährwerte pro Portion:
ca. 440 kcal,
18 g EW, 14 g F, 51 g KH

Zubereitung:
30 Minuten

- Die Möhren putzen, schälen und mit dem Spiralschneider in Gemüsespaghetti schneiden. Die Vollkornspaghetti in reichlich kochendem Salzwasser nach Packungsanweisung bissfest garen.

- Währenddessen die Zwiebel schälen und in feine Würfel schneiden. Das Öl in einer Pfanne erhitzen und die Zwiebelwürfel darin andünsten. Kreuzkümmel und Ras el Hanout hinzufügen und etwa 1 Minute mitbraten. (Wer will, gibt noch 1 TL Harissa-Pulver oder 1 EL Tomatenmark dazu.)

- Die stückigen Tomaten dazugießen, die Sauce aufkochen und offen bei schwacher bis mittlerer Hitze noch etwa 10 Minuten köcheln lassen.

- Die Kichererbsen in einem Sieb abbrausen und abtropfen lassen. Die Mandeln in einer Pfanne ohne Fett anrösten, herausnehmen und abkühlen lassen, dann grob hacken und mit der Petersilie mischen. Die Kichererbsen und Möhrenspaghetti unter die Tomatensauce rühren.

- Die Vollkornspaghetti in ein Sieb abgießen und kurz abtropfen lassen, danach ebenfalls mit in die Tomatensauce geben. Alles noch 3 bis 4 Minuten köcheln lassen, bis auch die Möhrenspaghetti bissfest sind.

- Zum Servieren die Pasta mit Salz und Pfeffer abschmecken, auf Teller verteilen und mit dem Mandel-Petersilien-Mix bestreuen.

VEGANER GEMÜSEEINTOPF
MIT GRAUPEN

Für 2 Personen
100 g Graupen
Salz
4 Stiele Dill
1 EL Rapsöl
500 g tiefgekühltes Kaisergemüse
½ l vegane Gemüsebrühe
100 ml Hafer cuisine (siehe Tipp)
2 TL süßer Senf
Pfeffer aus der Mühle

Nährwerte pro Portion:
ca. 390 kcal,
12 g EW, 14 g F, 54 g KH

Zubereitung:
15 Minuten
Garen:
30 Minuten

- Die Graupen in Salzwasser nach Packungsanweisung bissfest garen. Inzwischen den Dill waschen, trocken tupfen, die Spitzen abzupfen und fein hacken.

- Nach etwa 15 Minuten Garzeit der Graupen das Öl in einem Topf erhitzen und das tiefgekühlte Gemüse darin etwa 3 Minuten anbraten. Anschließend die Brühe dazugießen, das Gemüse aufkochen und mit geschlossenem Deckel bei schwacher bis mittlerer Hitze etwa 6 Minuten köcheln lassen. Falls nötig, alles nochmals kurz erhitzen.

- Dann Hafer cuisine und Senf hinzufügen und den Eintopf mit Salz und Pfeffer abschmecken. Die Graupen in ein Sieb abgießen, kalt abbrausen, kurz abtropfen lassen und in den Eintopf geben.

- Zum Servieren den Eintopf nochmals mit Salz und Pfeffer abschmecken und auf Schalen oder tiefe Teller verteilen, mit Dill bestreuen. Wer nicht rein pflanzlich essen möchte, kann die Hafer cuisine durch die gleiche Menge Sahne oder saure Sahne ersetzen.

Kennen Sie Hafer cuisine schon? Diese pflanzliche Alternative für Sahne besteht aus fermentiertem Hafer und Sonnenblumenöl. Dem Produkt ist keinerlei Zucker zugesetzt, den leicht süßlichen Geschmack erhält es durch die Fermentation der Haferkörner. In Kombination mit der Würze des Senfs verleiht die „Pflanzensahne" dem Eintopf eine tolle Note. Einfach mal ausprobieren!

VEGGIE-SANDWICH
MIT AUBERGINEN UND HALLOUMI

Für 2 Personen
1 kleine Aubergine
Salz
1 Knoblauchzehe
4 EL Panko (asiat. Paniermehl)
3 EL Olivenöl
4 Salatblätter
(z. B. Eichblatt- oder Kopfsalat)
1 Tomate
1 kleine rote Zwiebel
120 g Halloumi
4 TL Basilikumpesto
(aus dem Glas)

Nährwerte pro Portion:
ca. 555 kcal,
18 g EW, 41 g F, 27 g KH

Zubereitung:
30 Minuten

- Die Aubergine putzen, waschen, oben und unten zwei Randstücke abschneiden und klein würfeln. Den Rest längs in vier Scheiben schneiden. Die Auberginenscheiben und -würfel mit Salz bestreuen und etwas Wasser ziehen lassen.

- Inzwischen den Knoblauch schälen und fein würfeln. Mit dem Panko in einer Pfanne in ½ EL Öl goldbraun rösten, herausnehmen und beiseitestellen.

- Die Salatblätter waschen und trocken tupfen. Die Tomate waschen und in Scheiben schneiden, dabei den Stielansatz entfernen. Die Zwiebel schälen, längs halbieren und quer in dünne Halbringe schneiden. Den Halloumi längs halbieren.

- Auberginenwürfel und -scheiben trocken tupfen. In einer beschichteten Pfanne 1½ EL Öl erhitzen und die Auberginenscheiben darin bei mittlerer bis starker Hitze auf jeder Seite etwa 3 Minuten braten, bis sie gebräunt und weich sind. Herausnehmen und warm halten.

- Dann die Auberginenwürfel in der Pfanne etwa 4 Minuten anbraten, danach ebenfalls warm halten. Den Halloumi in der Pfanne im übrigen Öl (1 EL) bei mittlerer bis starker Hitze auf jeder Seite etwa 2 Minuten goldbraun braten.

- Zum Servieren auf jeden Teller 1 Auberginenscheibe legen und 2 Salatblätter sowie die Hälfte der Tomatenscheiben und der Zwiebelringe darauf verteilen. Auf jedes Sandwich 1 Halloumi legen und mit je 2 TL Pesto beträufeln. Die Auberginenwürfel und Pankobrösel sowie nach Belieben Basilikumblätter daraufgeben. Die übrigen Auberginenscheiben als Deckel auflegen und leicht andrücken.

SPINAT-FETA-KÜCHLEIN
MIT OFENTOMATEN

Für 2 Personen
3 EL Olivenöl
500 g tiefgekühlter Blattspinat (aufgetaut)
1 Zwiebel
4 Scheiben Vollkorntoast (à ca. 25 g)
100 g Feta light (Schafskäse; 9 % Fett)
1 Ei (Größe M)
Salz, Pfeffer aus der Mühle
1 Glas Artischockenherzen (ca. 160 g Abtropfgewicht)
300 g bunte Datteltomaten
2 Knoblauchzehen
1 TL getrockneter Thymian

Nährwerte pro Portion:
ca. 500 kcal,
27 g EW, 25 g F, 37 g KH

Zubereitung:
30 Minuten
Backen:
25 Minuten

- Den Backofen auf 200 °C vorheizen. Ein Backblech mit ½ EL Olivenöl einfetten.

- Den Spinat in ein Sieb abgießen und mit den Händen kräftig ausdrücken. Die Zwiebel schälen und fein würfeln, in einem Topf in 1 EL Öl andünsten. Den Spinat dazugeben und 3 bis 4 Minuten mitdünsten. Danach den Spinat noch mal in das Sieb abgießen und gut ausdrücken.

- Toastbrote und Feta in eine Schüssel krümeln. Spinat, Ei, Salz und Pfeffer dazugeben und alles mit den Händen gut mischen. Aus der Masse mit angefeuchteten Händen acht Küchlein formen und nebeneinander auf das Blech setzen.

- Die Artischocken abgießen und abtropfen lassen. Die Tomaten waschen, halbieren und mit den Schnittflächen nach oben mit den Artischocken um die Küchlein herum auf dem Blech verteilen. Alles mit Salz und Pfeffer würzen.

- Den Knoblauch schälen und fein würfeln, in einer Tasse mit Thymian, dem restlichen Öl (1½ EL) und etwas Salz und Pfeffer verrühren. Das Gemüse mit dem Kräuteröl beträufeln. Alles im Ofen auf der mittleren Schiene etwa 25 Minuten garen, bis die Küchlein knusprig und die Tomaten schön weich sind. Dann herausnehmen und auf Tellern anrichten.

Dass Knoblauch so gesund ist, hat er vor allem dem Inhaltsstoff Allicin zu verdanken. Das schwefelhaltige ätherische Öl, das auch für den typischen „Duft" der Knollen verantwortlich ist, putzt die Blutgefäße sauber und unterstützt die Leber bei ihrer Arbeit. Wer regelmäßig Knoblauch isst, reduziert außerdem das Risiko, an Krebs zu erkranken.

ROTE BETE VOM BLECH
MIT MANDELFETA

Für 2 Personen
600 g Rote Beten
1 EL Olivenöl
Salz, Pfeffer aus der Mühle
150 g Feta light (Schafskäse; 9 % Fett)
2 EL Dinkelvollkornmehl
1 Ei (Größe M)
50 g Mandelblättchen
1 EL Aceto balsamico
1 EL Walnussöl
½ TL Zucker
1 TL getrockneter Thymian
2 Frühlingszwiebeln
40 g Kalamata-Oliven (ohne Stein)

Nährwerte pro Portion:
ca. 685 kcal,
32 g EW, 43 g F, 39 g KH

Zubereitung:
30 Minuten
Garen:
40 Minuten

● Den Backofen auf 200 °C vorheizen. Ein Backblech mit Backpapier belegen. Die Roten Beten putzen, schälen und in schmale Spalten schneiden (Achtung, die Knollen färben stark ab!). Die Spalten mit ½ EL Olivenöl, Salz und Pfeffer mischen, auf dem Blech verteilen und im Ofen auf der mittleren Schiene etwa 40 Minuten garen.

● Inzwischen den Feta längs halbieren und rundum mit Mehl bestäuben. Das Ei in einem tiefen Teller verquirlen. Die Mandelblättchen ebenfalls in einen tiefen Teller geben. Den Feta erst durch das verquirlte Ei ziehen, dann in den Mandelblättchen wenden und die Panade gut andrücken. Den Feta nach etwa 10 Minuten Garzeit zu den Roten Beten auf das Blech legen, mit dem restlichen Olivenöl (½ EL) beträufeln und etwa 30 Minuten mitgaren.

● Währenddessen Essig, Walnussöl, Zucker, Salz, Pfeffer und Thymian in einer Salatschüssel zu einem Dressing verrühren. Die Frühlingszwiebeln putzen, waschen und in dünne Ringe schneiden, mit den Oliven zum Dressing geben.

● Zum Servieren Gemüse und Feta aus dem Ofen nehmen. Den Feta auf Tellern anrichten. Die Roten Beten unter das Dressing mischen, den Salat mit Salz und Pfeffer abschmecken und neben den Feta setzen.

Rote Beten sind reich an entzündungshemmenden Polyphenolen. Wer Knollen mit praller, dünner Schale bekommt, muss sie nicht einmal schälen und tankt so noch eine Extraportion Vitamine, Mineral- und Ballaststoffe. Wegen ihres erdigen Geschmacks ist Rote Bete nicht jedermanns Sache – aber diese mediterrane Zubereitungsart hat schon viele Knollenmuffel überzeugt.

SELLERIESCHNITZEL
MIT BOHNEN UND SKYR-DIP

Für 2 Personen
300 g Knollensellerie
Salz
2 EL Dinkelvollkornmehl
1 Ei (Größe M)
Pfeffer aus der Mühle
80 g gemahlene Haselnüsse
4 EL Vollkornsemmelbrösel
3 EL Rapsöl
300 g tiefgekühlte grüne Bohnen
¼ TL getrocknetes Bohnenkraut
1 Schalotte
200 g Skyr
2 EL gehackte Petersilie
1 TL süßer Senf

Nährwerte pro Portion:
ca. 695 kcal,
32 g EW, 44 g F, 37 g KH

Zubereitung:
30 Minuten

- Den Sellerie putzen, schälen und in etwa 5 mm dünne Scheiben schneiden. Die Selleriescheiben in reichlich kochendem Salzwasser etwa 3 Minuten blanchieren, in ein Sieb abgießen, kalt abschrecken und abtropfen lassen.

- Das Mehl in einen tiefen Teller geben. Das Ei in einem weiteren tiefen Teller verquirlen, salzen und pfeffern. Haselnüsse und Semmelbrösel ebenfalls in einem tiefen Teller mischen. Die Selleriescheiben erst im Mehl wenden, dann durch das verquirlte Ei ziehen und zuletzt in der Nuss-Brösel-Mischung wenden. Die Panade gut andrücken.

- In einer beschichteten Pfanne 2 EL Öl erhitzen und die Sellerieschnitzel darin portionsweise auf jeder Seite goldbraun braten. Falls nötig, noch etwas Öl in die Pfanne geben, bevor die nächste Portion Schnitzel gebraten wird. Fertige Schnitzel im auf 80 °C vorgeheizten Backofen warm halten.

- Die Bohnen in kochendem Salzwasser etwa 5 Minuten blanchieren, in ein Sieb abgießen und kurz abtropfen lassen. Dann zurück in den Topf geben, mit dem restlichen Öl (1 EL), Bohnenkraut, Salz und Pfeffer mischen, warm halten.

- Die Schalotte schälen, fein würfeln und mit Skyr, Petersilie, Senf, Salz und Pfeffer verrühren. Zum Servieren die Sellerieschnitzel mit Bohnen und Skyr-Dip auf Tellern anrichten. Nach Belieben mit Bio-Zitronenschnitzen garnieren.

Isländischer Skyr ist eine wahre Protein-Bombe und enthält dabei kaum Fett. Genau das Richtige für alle, die Fett, aber keine Muskelmasse verlieren möchten. Hergestellt wird Skyr aus entrahmter Milch – das Geheimnis für seine Cremigkeit und den hohen Eiweißgehalt.

EINFACH GENIAL: KOCHEN MIT MAXIMAL 5 ZUTATEN

Das Tolle an diesen gesunden Blitzrezepten? Man braucht nicht mehr als fünf Zutaten – Salz und Pfeffer ausgenommen. Ob Suppe, Omelett oder Auflauf: Hier werden Sie an hektischen Tagen garantiert fündig und können sich mit einem leckeren Essen belohnen!

PILZ-OMELETT

Für 2 Personen: **400 g Champignons (oder Kräuterseitlinge)** putzen, falls nötig, trocken abreiben und in Stücke schneiden. In einer Pfanne in **2 EL Rapsöl** bei mittlerer bis starker Hitze so lange braten, bis keine Flüssigkeit mehr austritt. **4 Eier (Größe M), 3 EL gehackte Petersilie, Salz und Pfeffer** verquirlen, über die Pilze in der Pfanne gießen und das Omelett mit geschlossenem Deckel bei mittlerer Hitze etwa 10 Minuten stocken lassen. Zum Servieren das Omelett halbieren, auf Teller setzen und mit **2 in dünne Ringe geschnittenen Frühlingszwiebeln** bestreuen.

Nährwerte pro Portion:
ca. 275 kcal,
20 g EW, 20 g F, 4 g KH

LINSEN-DAL

Für 2 Personen: **200 g rote Linsen** in einem Topf in **1 EL Rapsöl** unter Wenden andünsten. **1 Dose stückige Tomaten (400 g)**, 200 ml Wasser und **1 bis 2 TL Garam Masala** dazugeben. Die Linsen aufkochen und bei schwacher Hitze 8 bis 12 Minuten weich garen. **100 g Joghurt (1,5 % Fett)** unterrühren und das Dal mit **Salz und Pfeffer** abschmecken. Zum Servieren auf tiefe Teller oder Schalen verteilen.

Nährwerte pro Portion:
ca. 510 kcal,
31 g EW, 6 g F, 71 g KH

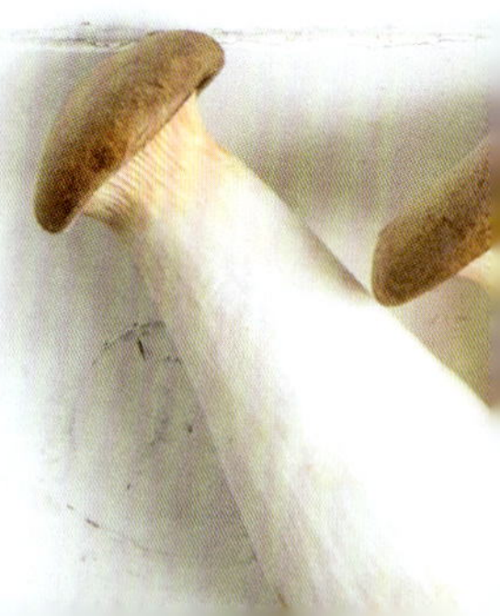

SPINAT-FISCH-AUFLAUF

Für 2 Personen: Den Backofen auf 180 °C vorheizen. **400 g tiefgekühlten Blattspinat (aufgetaut), 1 fein gewürfelte Knoblauchzehe, 1 Dose stückige Tomaten (400 g), Salz und Pfeffer** in einer Auflaufform mischen. **2 Rotbarschfilets (à ca. 150 g)** waschen, trocken tupfen, salzen, pfeffern und auf das Gemüse legen. Die Fischfilets mit **150 g Ricotta** bestreichen und im Ofen auf der mittleren Schiene 25 bis 30 Minuten garen. Herausnehmen und vor dem Servieren kurz abkühlen lassen.

Nährwerte pro Portion:
ca. 380 kcal,
46 g EW, 16 g F, 16 g KH

ASIA-CURRY-SUPPE

Für 2 Personen: **1 walnussgroßes Stück Ingwer** schälen und fein hacken. **1 EL Rapsöl** in einem Topf erhitzen, **1 bis 2 TL rote Currypaste** (Menge nach Geschmack) darin 1 Minute anbraten. **600 g tiefgekühltes Wok-Gemüse** und Ingwer dazugeben und etwa 2 Minuten mitbraten. 300 ml Wasser und **400 ml Kokosmilch** dazugießen und alles mit geschlossenem Deckel bei schwacher bis mittlerer Hitze etwa 10 Minuten garen, bis das Gemüse gar, aber noch bissfest ist. Zuletzt die Asia-Suppe mit **Salz** abschmecken und auf tiefe Teller oder Schalen verteilen.

Nährwerte pro Portion:
ca. 585 kcal,
6 g EW, 51 g F, 17 g KH

ZANDERFILET
AUF RADICCHIO-THYMIAN-PASTA

Für 2 Personen
80 g Vollkornspaghetti
Salz
1 rote Zwiebel
2 Radicchio (ca. 300 g)
2 EL Olivenöl
100 ml Rotwein
Pfeffer aus der Mühle
2 TL flüssiger Honig
1 TL getrockneter Thymian
2 Zanderfilets
(à ca. 150 g; mit Haut)

Nährwerte pro Portion:
ca. 430 kcal,
35 g EW, 12 g F, 35 g KH

Zubereitung:
25 Minuten

- Die Spaghetti in reichlich kochendem Salzwasser nach Packungsanweisung bissfest garen. Inzwischen die Zwiebel schälen und in schmale Spalten schneiden. Vom Radicchio die äußeren Blätter entfernen. Die Salate in schmale Spalten schneiden, die am Strunk noch zusammenhängen, waschen und trocken schleudern.

- In einer Pfanne 1 EL Öl erhitzen und die Zwiebel darin weich dünsten. Den Wein dazugießen und etwas einkochen lassen. Dann den Radicchio dazugeben und kurz mitgaren.

- Die Nudeln in ein Sieb abgießen und abtropfen lassen, dabei 1 Tasse Nudelkochwasser auffangen. Nudeln und etwas Nudelkochwasser zum Radicchio-Gemüse geben, alles aufkochen und so lange offen köcheln lassen, bis es eine sämige Konsistenz hat. Die Pasta mit Salz, Pfeffer, Honig und Thymian würzen und warm halten.

- Die Zanderfilets waschen, trocken tupfen und die Haut mehrmals schräg einschneiden. Das restliche Öl (1 EL) in einer beschichteten Pfanne erhitzen und die Filets darin auf der Haut kross braten. Dann wenden und auf der Fleischseite etwa 2 Minuten anbraten. Die Herdplatte ausschalten, den Fisch in der Resthitze gut 1 Minute nachziehen lassen.

- Zum Servieren die Fischfilets mit Salz und Pfeffer würzen und mit der Pasta auf Tellern anrichten.

Bitterstoffe dienen den Pflanzen in der Natur als Schutz vor Fressfeinden. Für uns Menschen sind bitterstoffhaltige Salate oder Gemüse wie Radicchio, Löwenzahn oder Artischocken eine wunderbare Verdauungshilfe, weil sie die Gallenproduktion anregen.

KABELJAU MIT TOPINAMBUR
UND HASELNUSS-TOPPING

Für 2 Personen
1 Zwiebel
500 g Topinamburknollen
1 EL Rapsöl
¼ l Gemüsebrühe
2 Kabeljaufilets (à ca. 150 g)
Salz, Pfeffer aus der Mühle
70 g Crème légère
1 TL mittelscharfer Senf
4 EL Haselnusskerne
4 Stiele Petersilie
¼ TL Fenchelsamen

Nährwerte pro Portion:
ca. 495 kcal,
38 g EW, 26 g F, 16 g KH

Zubereitung:
30 Minuten

- Die Zwiebel schälen und fein würfeln. Die Topinamburknollen gründlich mit der Gemüsebürste waschen, putzen, nach Belieben schälen und in etwa 1 cm große Würfel schneiden. Das Öl in einer Pfanne mit hohem Rand erhitzen und Zwiebel und Topinambur darin etwa 3 Minuten anbraten. Die Brühe angießen, alles aufkochen und das Gemüse mit geschlossenem Deckel bei schwacher bis mittlerer Hitze etwa 10 Minuten garen.

- Inzwischen die Kabeljaufilets waschen, trocken tupfen, salzen und pfeffern. Crème légère und Senf unter den Topinambur rühren und alles mit Salz und Pfeffer abschmecken. Den Fisch in das Gemüse legen und auf der ausgeschalteten Herdplatte mit geschlossenem Deckel etwa 5 Minuten gar ziehen lassen (pochieren).

- Währenddessen die Nüsse grob hacken und in einer Pfanne ohne Fett anrösten, herausnehmen und abkühlen lassen. Petersilie waschen, trocken tupfen, die Blätter abzupfen und fein hacken. Fenchelsamen im Mörser zerstoßen. Nüsse, Petersilie, Fenchelsamen und etwas Salz mischen.

- Zum Servieren das Gemüse mit dem Fisch auf Tellern anrichten und mit dem Nuss-Topping bestreuen.

Topinambur ist reich an Inulin, einem präbiotisch wirkenden Ballaststoff, der im Darm die nützlichen Bakterienstämme füttert und sich deshalb positiv auf unser Mikrobiom auswirkt. Wer regelmäßig inulinreiche Lebensmittel wie Topinambur, Schwarzwurzeln, Artischocken, Chicorée oder Pastinaken isst, kann zusätzlich seine Blutfett- und Cholesterinwerte verbessern und die Leberfunktion stärken.

FISCHKÜCHLEIN
MIT BROKKOLI-KARTOFFEL-STAMPF

Für 2 Personen
400 g Brokkoli
200 g vorwiegend festkochende Kartoffeln
Salz
300 g Rotbarschfilet
1 Scheibe Vollkorntoastbrot (ca. 25 g)
1 Zwiebel
1 Ei (Größe M)
1 TL mittelscharfer Senf
Pfeffer aus der Mühle
2 EL Rapsöl
100 g Kräuterfrischkäse
frisch geriebene Muskatnuss

Nährwerte pro Portion:
ca. 600 kcal,
50 g EW, 32 g F, 30 g KH

Zubereitung:
30 Minuten

● Den Brokkoli putzen, waschen und in Röschen teilen. Den Strunk schälen und in Würfel schneiden. Die Kartoffeln waschen, schälen und in etwa 2 cm große Würfel schneiden. Die Kartoffelwürfel in kochendem Salzwasser mit geschlossenem Deckel bei mittlerer Hitze etwa 15 Minuten weich garen. Nach etwa 7 Minuten Garzeit den Brokkoli dazugeben und mitgaren.

● Inzwischen das Fischfilet waschen, trocken tupfen und in etwa 2 cm große Würfel schneiden. Das Toastbrot mit den Händen zerbröseln. Die Zwiebel schälen und fein würfeln. Fischwürfel, Toast, Zwiebel, Ei, Senf, Salz und Pfeffer im Blitzhacker zu einer homogenen Masse mixen. Aus der Masse mit angefeuchteten Händen vier Küchlein formen. Das Öl in einer beschichteten Pfanne erhitzen und die Fischküchlein darin bei mittlerer Hitze auf jeder Seite etwa 4 Minuten anbraten. Sie sollten außen knusprig braun und innen gar sein.

● Kartoffeln und Brokkoli in ein Sieb abgießen, dabei das Kochwasser auffangen. Das Gemüse zurück in den Topf geben und mit dem Kartoffelstampfer grob zerdrücken. Den Frischkäse und so viel Kochwasser unterrühren, bis die gewünschte Konsistenz erreicht ist. Den Stampf mit Salz, Pfeffer und Muskatnuss abschmecken. Zum Servieren die Fischküchlein und den Stampf auf Tellern anrichten und nach Belieben mit gehackter Petersilie garnieren.

Kartoffelpüree liefert leider sehr viele Kohlenhydrate, die Ihrer strapazierten Leber nicht guttun. Trotzdem müssen Sie auf Ihre Lieblingsbeilage nicht verzichten! Der Trick: Mischen Sie die Kartoffeln einfach mit kohlenhydratarmem Gemüse wie Sellerie, Pastinaken, Kohlrabi, Blumenkohl oder Brokkoli.

GEGRILLTE FORELLEN
MIT SPARGEL UND TOMATEN-SALSA

Für 2 Personen
2 EL Rapsöl
2 Forellen (à ca. 170 g; küchenfertig)
Salz, Pfeffer aus der Mühle
500 g grüner Spargel
2 EL Olivenöl
2 Strauchtomaten
1 kleine rote Zwiebel
1 rote Chilischote
1 Pfirsich (ersatzweise 120 g Papaya)
1 TL Ahornsirup
2 EL Limettensaft
½ TL Korianderkörner

Nährwerte pro Portion:
ca. 540 kcal,
40 g EW, 33 g F, 20 g KH

Zubereitung:
30 Minuten
Grillen:
20 Minuten

- Backofen auf 220 °C Umluftgrill vorheizen. Ein Backblech mit 1 EL Rapsöl einfetten. Die Forellen innen und außen waschen, trocken tupfen und mit Salz und Pfeffer würzen. Fische auf das Blech legen, mit dem übrigen Rapsöl (1 EL) beträufeln und im Ofen auf der mittleren Schiene 15 bis 20 Minuten grillen. Nach der Hälfte der Grillzeit wenden.

- Inzwischen den grünen Spargel waschen, im unteren Drittel schälen und die holzigen Enden abschneiden. Die Stangen in etwa 5 cm lange Stücke schneiden. 1 EL Olivenöl in einer Pfanne erhitzen und den Spargel darin 5 bis 7 Minuten unter Wenden anbraten, bis er leicht gebräunt, aber noch bissfest ist. Dann mit Salz und Pfeffer würzen.

- Die Tomaten waschen und sehr klein würfeln, dabei die Stielansätze entfernen. Die Zwiebel schälen und sehr fein würfeln. Die Chilischote längs halbieren, entkernen, waschen und sehr klein würfeln. Den Pfirsich waschen, halbieren, entsteinen und sehr klein würfeln. Alles in einer Schüssel mit übrigem Olivenöl (1 EL), Salz, Ahornsirup und Limettensaft mischen. Die Korianderkörner im Mörser anstoßen und untermischen. Zuletzt die Salsa mit Salz abschmecken.

- Zum Servieren die Forellen aus dem Ofen nehmen und mit Spargel und Salsa auf Tellern anrichten.

Nach Belieben können Sie als Kohlenhydratbeilage pro Person noch 2 Scheiben Vollkornbrot oder etwas Vollkorncouscous (insgesamt ca. 60 g Rohgewicht) zu den Forellen genießen. Ihre Leber dankt es Ihnen, wenn Sie bei Brot, Reis und Co. die Vollkornvariante wählen. Die darin enthaltenen Ballaststoffe lassen den Blutzuckerspiegel nicht so rasch ansteigen.

OFENLACHS MIT SENFKRUSTE
UND APFELKRAUT

Für 2 Personen
1 Apfel
400 g frisches Sauerkraut (aus dem Kühlregal)
100 g Frischkäse
150 ml Apfelsaft
100 ml Gemüsebrühe
Salz, Pfeffer aus der Mühle
4 EL Vollkornsemmelbrösel
2 TL süßer Senf
2 Wildlachsfilets (à ca. 150 g)

Nährwerte pro Portion:
ca. 645 kcal,
40 g EW, 33 g F, 40 g KH

Zubereitung:
20 Minuten
Garen:
40 Minuten

- Den Backofen auf 200 °C vorheizen. Den Apfel waschen, vierteln, entkernen und in kleine Würfel schneiden. Sauerkraut, Apfel, 50 g Frischkäse, Apfelsaft, Brühe, Salz und Pfeffer in einer ofenfesten Form mischen und alles im Ofen auf der mittleren Schiene etwa 20 Minuten vorgaren.

- Inzwischen den restlichen Frischkäse (50 g), 2 EL Semmelbrösel, Senf, Salz und Pfeffer in einer Schüssel verrühren. Die Lachsfilets waschen, trocken tupfen, salzen und pfeffern und die Senfmischung darauf verteilen – sie ist recht fest, am besten drückt man sie mit den Fingern fest.

- Nach etwa 20 Minuten Garzeit die Form aus dem Ofen nehmen und die Lachsfilets auf das Apfelkraut setzen. Alles im Ofen 15 bis 20 Minuten fertig garen, dabei nach etwa 10 Minuten die übrigen Semmelbrösel (2 EL) über die Senfkruste streuen.

- Zum Servieren die Form aus dem Ofen nehmen und Fisch und Apfelkraut auf Tellern anrichten.

Eine verfettete Leber neigt dazu, sich zu entzünden. Setzen Sie deshalb verstärkt auf entzündungshemmende Lebensmittel wie Sauerkraut. Der fermentierte Kohl ist reich an Vitamin C, das hilft, Entzündungen vorzubeugen. Darüber hinaus sorgt er für ein gesundes Mikrobiom und stärkt dadurch das Immunsystem.

FISCHRÖLLCHEN
MIT GEMÜSE UND ZITRONENSAUCE

Für 2 Personen
4 dünne Kabeljaufilets
(à ca. 75 g)
15 Bärlauchblätter
(ersatzweise 1 kleines Bund
Kerbel, Dill oder Petersilie)
½ Bio-Zitrone
Salz, Pfeffer aus der Mühle
200 g Zuckerschoten
200 g Möhren
150 g vorwiegend festkochende
Kartoffeln
100 g Frischkäse
4 Zahnstocher

Nährwerte pro Portion:
ca. 400 kcal,
36 g EW, 13 g F, 28 g KH

Zubereitung:
30 Minuten

- Die Kabeljaufilets waschen, trocken tupfen und auf einem Küchenbrett auslegen. Den Bärlauch waschen, trocken tupfen und fein hacken. Die Zitrone heiß waschen, abtrocknen, die Schale fein abreiben und den Saft auspressen. Jedes Fischfilet mit Salz und Pfeffer würzen, mit etwas Bärlauch bestreuen und mit etwas Zitronensaft beträufeln. Dann fest aufrollen und mit einem Zahnstocher fixieren.

- Die Zuckerschoten putzen, waschen und schräg halbieren. Die Möhren putzen, schälen und in dünne Scheiben schneiden. Die Kartoffeln waschen, schälen und in kleine Würfel schneiden. Das Gemüse mit Salz und Pfeffer würzen und gründlich mischen.

- In einem Topf 400 ml Wasser, restlichen Zitronensaft und Salz mischen und ein passendes Dämpfkörbchen hineinstellen. Das Gemüse hineingeben, die Fischröllchen daraufsetzen und den Topf mit einem Deckel verschließen. Das Zitronenwasser aufkochen, Fisch und Gemüse über dem heißen Wasserdampf etwa 15 Minuten garen.

- Das Dämpfkörbchen aus dem Topf heben und auf einem Teller beiseitestellen. Die Dämpfflüssigkeit mit Frischkäse und Zitronenschale verrühren und mit Salz und Pfeffer abschmecken. Zum Servieren Gemüse und Sauce auf Tellern anrichten und die Fischröllchen daraufsetzen.

THUNFISCHSTEAK
MIT GURKEN-QUINOA-SALAT

Für 2 Personen
50 g Quinoa
Salz
1 Salatgurke
200 g Papaya
1 rote Chilischote
1 walnussgroßes Stück Ingwer
½ Bund Koriandergrün
2 EL Cashewkerne
½ Bio-Limette
2 EL geröstetes Sesamöl
1 TL Zucker
2 Thunfischsteaks (à ca. 150 g)
1 EL Rapsöl

Nährwerte pro Portion:
ca. 530 kcal,
43 g EW, 21 g F, 36 g KH

Zubereitung:
40 Minuten

- Die Quinoa in kochendem Salzwasser nach Packungsanweisung bissfest garen, dann in ein Sieb abgießen und abtropfen lassen.

- Die Gurke waschen, längs halbieren und die Kerne mit einem Teelöffel entfernen. Die Gurkenhälften in kleine Würfel schneiden. Die Papaya entkernen, schälen und ebenfalls klein würfeln.

- Die Chilischote längs halbieren, entkernen, waschen und klein würfeln. Den Ingwer schälen und fein reiben. Das Koriandergrün waschen, trocken tupfen, die Blätter abzupfen und fein hacken. Die Cashewkerne in einer Pfanne ohne Fett anrösten, herausnehmen und abkühlen lassen, dann fein hacken. Die Limette heiß waschen, abtrocknen, die Schale abreiben und den Saft auspressen.

- Chili, Ingwer, Limettensaft, die Hälfte der Limettenschale, Sesamöl, etwas Salz und Zucker in einer Salatschüssel verquirlen. Gurke, Papaya und Quinoa untermischen. Den Salat nochmals mit Salz abschmecken und mit Koriandergrün und Cashewkernen bestreuen.

- Die Thunfischsteaks waschen und trocken tupfen. Das Rapsöl in einer Pfanne erhitzen und die Steaks darin bei starker Hitze auf jeder Seite 1 bis 2 Minuten anbraten. Dann herausnehmen, auf einen Teller legen und mit Salz, Pfeffer und restlicher Limettenschale würzen. Einen zweiten Teller umgedreht darauflegen und die Steaks noch 2 Minuten nachziehen lassen. Dann mit dem Salat auf Tellern anrichten und sofort servieren.

KALORIENFASTEN: 4 REZEPTE MIT 300 KCAL

Weiter geht es mit Gerichten für Ihre 800-Kalorien-Tage: Hier kommen vier warme Mahlzeiten, mit denen Sie das Schonprogramm für Ihre Leber ergänzen können.

ZOODLES MIT TOMATEN

Für 2 Personen: **500 g Zucchini** putzen, waschen und mit dem Spiralschneider in Streifen schneiden. **200 g Datteltomaten** waschen und in einer Pfanne in **2 EL Olivenöl** anbraten, bis sie aufplatzen. Zoodles dazugeben und etwa 2 Minuten mitbraten. **50 g Pesto rosso (aus dem Glas)** mit 50 ml heißem Wasser glatt rühren und unter das Gemüse mischen. Mit **Salz, Pfeffer** und **½ TL flüssigem Honig** würzen. Auf Tellern anrichten und mit **40 g Parmesanspänen** bestreuen.

Nährwerte pro Portion:
ca. 300 kcal,
12 g EW, 21 g F, 12 g KH

KOHLRABISUPPE MIT RÄUCHERFORELLE

Für 2 Personen: **500 g Kohlrabi** putzen, schälen und 2 cm groß würfeln. **140 g mehligkochende Kartoffeln** waschen, schälen und würfeln. **1 Zwiebel** schälen und fein würfeln. **600 ml Gemüsebrühe** in einem Topf aufkochen und das Gemüse darin mit geschlossenem Deckel bei mittlerer Hitze etwa 20 Minuten garen. Die Suppe im Topf mit dem Stabmixer fein pürieren und mit **Salz, Pfeffer** und **1 TL geriebenem Meerrettich** abschmecken. Zum Servieren auf tiefe Teller verteilen. **150 g geräuchertes Forellenfilet** zerzupfen und **je 1 TL saure Sahne** daraufsetzen, nach Belieben mit Dillspitzen garnieren.

Nährwerte pro Portion:
ca. 300 kcal,
25 g EW, 12 g F, 26 g KH

MEDITERRANE GEMÜSESUPPE

Für 2 Personen: **150 g Hokkaidokürbisfruchtfleisch** waschen und etwa 1 cm groß würfeln. **1 kleine Zucchini (200 g)** putzen, waschen, längs vierteln und quer in dünne Scheiben schneiden, **100 g Champigons** putzen, falls nötig, trocken abreiben und in Scheiben schneiden. **150 g Fenchel** putzen, waschen und in Streifen schneiden. Gemüse und Pilze in einem Topf in **1 EL Olivenöl** etwa 2 Minuten andünsten. **700 ml Gemüsebrühe** dazugießen, alles aufkochen und mit geschlossenem Deckel bei mittlerer Hitze etwa 10 Minuten garen. **50 g Kalamata-Oliven** dazugeben, die Suppe mit **Salz, Pfeffer** und **¼ TL zerstoßenen Fenchelsamen** würzen. Mit **je 1 EL Basilikumpesto (aus dem Glas)** toppen.

Nährwerte pro Portion:
ca. 300 kcal,
9 g EW, 23 g F, 20 g KH

OFENGEMÜSE MIT BOHNENDIP

Für 2 Personen: Den Backofen auf 240 °C vorheizen. Ein Backblech mit Backpapier belegen. **Je 1 kleine Zucchini (200 g)** und **Aubergine (200 g)** putzen, waschen und in etwa 1 cm dicke Scheiben schneiden. **1 rote Paprikaschote** längs halbieren, entkernen, waschen und in Spalten schneiden. **2 Möhren (160 g)** schälen, längs vierteln und in etwa 4 cm lange Streifen schneiden. Gemüse mit **1 EL Olivenöl, Salz, Pfeffer** und **1 TL Ras el Hanout (arab. Gewürzmischung)** mischen, auf dem Blech im Ofen auf der mittleren Schiene etwa 40 Minuten rösten. **250 g weiße Bohnen (aus der Dose)** in einem Sieb abbrausen und abtropfen lassen, dann mit **1 fein gehackten Knoblauchzehe, ½ TL Harissa-Pulver** und Salz fein pürieren. Den Bohnendip mit **1 TL Olivenöl** beträufeln. Das Gemüse aus dem Ofen nehmen, mit dem Dip servieren.

Nährwerte pro Portion:
ca. 300 kcal,
13 g EW, 10 g F, 33 g KH

RINDERFILET MIT WALNUSSKRUSTE
UND SCHWARZWURZELN

Für 2 Personen
4 Stiele Petersilie
50 g gemahlene Walnüsse
2 EL Vollkornsemmelbrösel
2 EL Rapsöl
Salz, Pfeffer aus der Mühle
2 Rinderfiletmedaillons
(à ca. 120 g)
500 g Schwarzwurzeln
(geputzt und geschält gewogen)
1 Orange
1 EL Weißweinessig
2 EL Walnussöl

Nährwerte pro Portion:
ca. 725 kcal,
38 g EW, 42 g F, 24 g KH

Zubereitung:
40 Minuten

● Den Backofen auf 200 °C vorheizen. Die Petersilie waschen, trocken tupfen, die Blätter abzupfen und fein hacken. Petersilie, Walnüsse, Semmelbrösel, 1 EL Rapsöl, Salz und Pfeffer in einer Schüssel mischen.

● Das Fleisch trocken tupfen, etwas flach drücken, salzen und pfeffern. In einer Pfanne im restlichen Rapsöl (1 EL) bei starker Hitze auf jeder Seite etwa 1 Minute scharf anbraten. Dann nebeneinander in eine Auflaufform setzen, den Walnuss-Mix darauf verteilen und mit den Händen leicht andrücken. Die Medaillons im Ofen auf der mittleren Schiene etwa 15 Minuten überbacken, bis die Kruste leicht bräunt.

● Inzwischen die Schwarzwurzeln gründlich waschen, putzen und schälen (dabei am besten Einmalhandschuhe tragen, der Schwarzwurzelsaft ist sehr klebrig!). Die Stangen in etwa 3 cm lange Stücke schneiden und in kochendem Salzwasser mit geschlossenem Deckel bei mittlerer Hitze etwa 8 Minuten garen. Danach in ein Sieb abgießen und abtropfen lassen.

● Währenddessen die Orange so großzügig schälen, dass auch die weiße Haut mit entfernt wird. Die Orangenfilets zwischen den einzelnen Trennhäuten herausschneiden, den austretenden Saft auffangen und den Rest der Orange gut ausdrücken. Den aufgefangenen Orangensaft in einer Schüssel mit Essig, Walnussöl, Salz und Pfeffer verrühren. Orangenfilets und Schwarzwurzeln unter das Dressing rühren und alles mit Salz würzen.

● Zum Servieren das Rinderfilet aus dem Ofen nehmen und mit dem lauwarmen Gemüse auf Tellern anrichten.

RINDERMEDAILLONS MIT GEMÜSE UND SELLERIE-BERGKÄSE-PÜREE

Für 2 Personen
250 g Knollensellerie
100 g mehligkochende Kartoffeln
Salz
1 Zwiebel
150 g Pfifferlinge
200 g Mangold
(ersatzweise Blattspinat)
2 EL Rapsöl
1 EL Aceto balsamico
Pfeffer aus der Mühle
1 TL getrockneter Thymian
30 g Bergkäse (am Stück)
75 ml Milch (1,5 % Fett)
frisch geriebene Muskatnuss
250 g Rinderfilet
30 g Sahne

Nährwerte pro Portion:
ca. 470 kcal,
41 g EW, 25 g F, 16 g KH

Zubereitung:
40 Minuten

- Sellerie und Kartoffeln putzen, schälen und in etwa 2 cm große Würfel schneiden. Beides in einem Topf in kochendem Salzwasser mit geschlossenem Deckel bei mittlerer Hitze etwa 15 Minuten garen.

- Währenddessen die Zwiebel schälen und in schmale Spalten schneiden. Die Pfifferlinge putzen und, falls nötig, trocken abreiben. Mangold putzen, waschen und Blätter und Stiele separat in etwa 2 cm breite Streifen schneiden.

- Zwiebel und Pfifferlinge in einer Pfanne in 1 EL Öl etwa 2 Minuten anbraten. Die Mangoldstiele dazugeben und etwa 2 Minuten mitbraten, anschließend die Blätter hinzufügen und alles weitere 2 Minuten braten. Das Gemüse mit Essig, Salz, Pfeffer und Thymian abschmecken, aus der Pfanne nehmen und warm halten.

- Inzwischen den Käse fein reiben. Sellerie und Kartoffeln abgießen, kurz ausdampfen lassen und mit dem Kartoffelstampfer fein zerdrücken. Die Milch erhitzen und mit dem Käse unter das Püree rühren. Mit Salz, Pfeffer und Muskatnuss abschmecken und warm halten.

- Das Rinderfilet quer halbieren, die Medaillons auf die Schnittfläche legen und leicht flach drücken. In der Pfanne im übrigen Öl (1 EL) bei starker Hitze auf jeder Seite 2 bis 3 Minuten anbraten. Salzen und pfeffern, bei schwacher Hitze auf jeder Seite noch etwa 2 Minuten garen, herausnehmen und zugedeckt auf einem Teller nachziehen lassen.

- Inzwischen den Bratensatz in der Pfanne mit 150 ml Wasser ablöschen und etwas aufkochen, Sahne und nach Belieben 1 TL grüne Pfefferkörner dazugeben. Die Sauce etwas einkochen lassen und mit Salz abschmecken. Zum Servieren Püree, Gemüse, Fleisch und Sauce auf Tellern anrichten.

SURF AND TURF
MIT PAPRIKA UND AVOCADO

Für 2 Personen
200 g Rinderfilet
3 EL Olivenöl
Salz, Pfeffer aus der Mühle
2 rote Paprikaschoten
1 Avocado
1 EL Limettensaft
2 Knoblauchzehen
1 TL getrocknete Kräuter der Provence
150 g Garnelen (ohne Kopf, mit Schale)

Nährwerte pro Portion:
ca. 525 kcal,
38 g EW, 33 g F, 13 g KH

Zubereitung:
25 Minuten

- Den Backofen auf 80 °C vorheizen. Das Fleisch quer halbieren und die Medaillons in einer Pfanne in 1 EL Öl auf den Schnittflächen jeweils 1 bis 2 Minuten scharf anbraten. Auf einen Teller setzen, mit Salz und Pfeffer würzen und im Backofen warm halten.

- Die Paprikaschoten längs halbieren, entkernen, waschen und jede Hälfte vierteln. Die Avocado halbieren und entkernen. Das Fruchtfleisch aus den Schalen heben und in Scheiben schneiden. Die Avocadoscheiben sofort mit Limettensaft beträufeln, damit sie sich nicht bräunlich verfärben. Den Knoblauch schälen und in dünne Scheiben schneiden.

- Eine (Grill-)Pfanne dünn mit Öl einpinseln und die Paprikaviertel darin auf jeder Seite grillen, bis sie gebräunt und gar sind. Ebenfalls auf einen Teller heben, salzen, pfeffern und im Ofen warm halten. Die (Grill-)Pfanne erneut einfetten und die Avocado darin kurz angrillen, mit Salz und Pfeffer würzen und zur Paprika geben.

- Das restliche Öl in der Rinderfiletpfanne erhitzen und Knoblauch und Kräuter darin bei mittlerer bis starker Hitze anbraten, bis der Knoblauch leicht bräunt. Die Garnelen waschen, trocken tupfen und im Kräuter-Knoblauch-Öl etwa 2 Minuten mitbraten, mit Salz und Pfeffer würzen.

- Zum Servieren die Rindermedaillons und die Garnelen auf Tellern anrichten. Avocado und Paprika danebensetzen und alles mit dem Bratensaft sowie dem Kräuter-Knoblauch-Öl aus der Pfanne beträufeln.

HÄHNCHENBRUST
MIT KÜRBIS-APFEL-GRATIN

Für 2 Personen
500 g Hokkaidokürbis
2 Äpfel
Salz, Pfeffer aus der Mühle
2 EL Walnusskerne
200 g Skyr
150 ml Gemüsebrühe
2 Eier (Größe M)
300 g Hähnchenbrustfilet
1 EL Rapsöl

Nährwerte pro Portion:
ca. 630 kcal,
60 g EW, 20 g F, 54 g KH

Zubereitung:
25 Minuten
Garen:
45 Minuten

- Den Backofen auf 200 °C vorheizen. Den Kürbis waschen und die Kerne mit einem Löffel entfernen, den Kürbis in etwa 1 cm dicke Spalten schneiden. Die Äpfel waschen, achteln und entkernen. Kürbis und Äpfel abwechselnd in eine Auflaufform schichten, salzen und pfeffern. Die Walnusskerne grob hacken.

- Skyr, Brühe, Eier, Salz und Pfeffer verquirlen und über die Apfel- und Kürbisspalten gießen. Das Gratin im Ofen auf der mittleren Schiene 40 bis 45 Minuten garen. Etwa 10 Minuten vor Ende der Garzeit die gehackten Nüsse darüberstreuen.

- Inzwischen das Hähnchenbrustfilet waschen und trocken tupfen, salzen und pfeffern. Das Öl in einer Pfanne erhitzen und das Fleisch darin bei starker Hitze auf jeder Seite 1 bis 2 Minuten anbraten. Dann mit geschlossenem Deckel bei schwacher Hitze noch etwa 10 Minuten durchgaren lassen.

- Das Hähnchenfleisch aus der Pfanne nehmen, den Bratensatz mit 150 ml Wasser ablöschen und etwas einkochen lassen. Die Sauce mit Salz und Pfeffer abschmecken.

- Zum Servieren das Gratin aus dem Ofen nehmen und auf Teller verteilen. Das Fleisch in Scheiben schneiden und mit der Sauce anrichten.

Kürbis harmoniert nicht nur geschmacklich wunderbar mit Äpfeln – auch ihre gesunden Inhaltsstoffe ergänzen sich perfekt. Beide stecken voller sekundärer Pflanzenstoffe (Karotinoide im Kürbis bzw. Polyphenole in Äpfeln), die dem Körper helfen, gegen Entzündungsprozesse zu kämpfen. Nutzen Sie diese Pflanzen-Power, um Ihre Leber zu unterstützen.

PUTENFRIKADELLEN
MIT KOHLRABIPÜREE UND PELLKARTOFFELN

Für 2 Personen
200 g vorwiegend festkochende Kartoffeln
Salz
500 g Kohlrabi
150 ml Gemüsebrühe
1 Zwiebel
1 Knoblauchzehe
2 EL Rapsöl
300 g Putenbrustfilet
4 EL Vollkornsemmelbrösel
1 Ei (Größe M)
1 TL mittelscharfer Senf
1 TL getrockneter Majoran
Pfeffer aus der Mühle
50 g saure Sahne
½ TL gemahlener Kümmel

Nährwerte pro Portion:
ca. 540 kcal,
51 g EW, 18 g F, 42 g KH

Zubereitung:
40 Minuten

- Die Kartoffeln waschen und samt Schale in einem Topf mit Wasser bedecken. Das Wasser salzen und aufkochen, die Kartoffeln mit geschlossenem Deckel bei mittlerer Hitze 25 bis 30 Minuten garen.

- Inzwischen den Kohlrabi putzen, schälen und in etwa 2 cm große Würfel schneiden. Mit der Brühe in einem Topf aufkochen und mit geschlossenem Deckel bei mittlerer Hitze etwa 15 Minuten garen. Danach die Kochbrühe abgießen.

- Währenddessen Zwiebel und Knoblauch schälen und fein würfeln, in einer beschichteten Pfanne in 1 EL Öl andünsten, danach vom Herd nehmen.

- Das Putenfleisch waschen und trocken tupfen, in etwa 2 cm große Stücke schneiden und durch den Fleischwolf drehen (alternativ mit einem sehr scharfen Messer sehr fein hacken). Putenhackfleisch, Zwiebel, Knoblauch, Semmelbrösel, Ei, Senf, Majoran, Salz und Pfeffer in einer Schüssel mit den Händen gut verkneten. Aus der Masse mit angefeuchteten Händen vier Frikadellen formen.

- Die Frikadellen in der Pfanne im übrigen Öl (1 EL) bei mittlerer bis starker Hitze auf jeder Seite etwa 3 Minuten braten. Zugedeckt warm halten. Den Kohlrabi im Topf mit dem Stabmixer pürieren. Die saure Sahne unterrühren und das Püree mit Salz, Pfeffer und Kümmel abschmecken.

- Zum Servieren die Kartoffeln abgießen, kurz ausdampfen lassen und pellen. Die Frikadellen mit den Pellkartoffeln und dem Kohlrabipüree auf Tellern anrichten.

KLEINE GERICHTE

Abgerundet wird das Anti-Fettleber-Programm durch eine kleine Mahlzeit, die Sie nach Wunsch mittags oder abends in Ihren Tag einbauen können. Freuen Sie sich auf kalte und warme Köstlichkeiten, die mit lebergesunden Zutaten für genussvolle Abwechslung auf dem Teller sorgen. Das schmeckt immer: vier leckere Rezeptideen für hart gekochte Eier – die Protein-Wunderwaffe gegen Fettleber –, die ruckzuck fertig sind und lange satt machen.

SALAT MIT PAPRIKARÖLLCHEN UND RAUCHMANDELN

Für 2 Personen
70 g Pflücksalat
2 Frühlingszwiebeln
2 EL Aceto balsamico
½ TL Zucker
2 EL Rapsöl
2 EL Kürbiskernöl
Salz, Pfeffer aus der Mühle
6 Streifen eingelegte Grillpaprikaschote (aus dem Glas; ca. 190 g Abtropfgewicht)
6 TL Ziegenfrischkäse (45 % Fett i. Tr.)
3 EL Rauchmandeln

Nährwerte pro Portion:
ca. 395 kcal,
9 g EW, 33 g F, 14 g KH

Zubereitung:
20 Minuten

- Den Pflücksalat verlesen, waschen, trocken schleudern und in eine Salatschüssel geben. Die Frühlingszwiebeln putzen, waschen, in dünne Ringe schneiden und hinzufügen. Essig, Zucker, beide Ölsorten, Salz und Pfeffer in einer Tasse zu einer Vinaigrette verrühren. Mit dem Pflücksalat und den Frühlingszwiebeln mischen.

- Die Grillpaprikastreifen abtropfen lassen und auf einem Küchenbrett nebeneinander auslegen. Auf jeden Streifen 1 TL Frischkäse streichen. Die Paprikastreifen fest aufrollen. Falls sie sehr dick sind, die Röllchen einmal quer halbieren.

- Zum Servieren den Salat auf Teller verteilen und die Paprikaröllchen daneben anrichten. Die Rauchmandeln hacken und über den Salat streuen. Wer mehr Hunger hat, isst noch 1 Scheibe Vollkornbrot (ca. 40 g) dazu.

- Zur Abwechslung können Sie den Salat auch mit Zucchiniröllchen servieren: Dafür 1 Zucchini putzen, waschen und der Länge nach in dünne Scheiben schneiden. Dann in Olivenöl anbraten, salzen und pfeffern. Aus der Pfanne nehmen, mit dem Frischkäse bestreichen und aufrollen.

Obwohl Mandeln sehr fettreich sind, gelten sie nicht als ausgemachte Dickmacher. Wer 1 Handvoll Mandeln (ca. 40 g) pro Tag knabbert, dämpft seinen Appetit auf Kohlenhydrate und tankt dazu jede Menge wertvolle Proteine, Ballaststoffe und cholesterinfreie ungesättigte Fettsäuren – für eine Entfettung der Leber sowie ein gesundes Herz-Kreislauf-System.

GEBRATENER CHICORÉE
MIT BASILIKUMDIP

Für 2 Personen
4 Chicorée
(ersatzweise Endivie oder Pak Choi)
2 Knoblauchzehen
1 Bio-Zitrone
4 EL Olivenöl
1 TL Honig
Salz, Pfeffer aus der Mühle
300 g griech. Joghurt (10 % Fett)
1 EL Basilikumpesto
(aus dem Glas)

Nährwerte pro Portion:
ca. 400 kcal,
8 g EW, 32 g F, 17 g KH

Zubereitung:
15 Minuten

- Chicorée putzen, waschen und längs halbieren. Den Knoblauch schälen und in dünne Scheiben schneiden. Die Zitrone heiß waschen, abtrocknen und die Schale fein abreiben, die Zitrone halbieren und auspressen.

- In einer Pfanne Öl und Honig erhitzen und die Chicoréehälften darin rundum kräftig anbraten, sodass sie leicht gebräunt sind. Den Knoblauch dazugeben und bei mittlerer Hitze etwa 1 Minute mitbraten. Den Chicorée mit 2 bis 4 EL Zitronensaft (je nach gewünschter Säure) ablöschen und mit Salz, Pfeffer und 1 TL Zitronenschale würzen.

- Für den Dip Joghurt und Pesto mit der restlichen Zitronenschale in einer kleinen Schüssel verrühren, mit Salz und Pfeffer abschmecken.

- Zum Servieren den Chicorée auf Teller verteilen, mit der Knoblauch-Zitronen-Sauce aus der Pfanne übergießen und mit dem Basilikumdip anrichten.

Zugegeben, der Fettanteil von griechischem Joghurt ist etwas höher – aber dieses Fett hilft, dass wir lange satt bleiben. Zudem enthält Joghurt Milchsäurebakterien, die für ein gesundes Mikrobiom sorgen und so unser Immunsystem stärken. Wer sonst hauptsächlich pflanzliche Öle oder Sahneersatz in der Küche verwendet, darf beim Joghurt ab und zu auch mal zur höheren Fettstufe greifen – einfach weil's richtig gut schmeckt.

GEBACKENE AUBERGINEN
MIT MANGOLD UND SKYR

Für 2 Personen
1 Aubergine (ca. 400 g)
Salz
3 EL Olivenöl
2 TL Ras el Hanout
(arab. Gewürzmischung)
Pfeffer aus der Mühle
4 EL Mandelblättchen
1 Knoblauchzehe
400 g Mangold
(ersatzweise Blattspinat)
2 EL Aceto balsamico
1 TL Zucker
200 g Skyr
1 EL helles Mandelmus

Nährwerte pro Portion:
ca. 470 kcal,
24 g EW, 31 g F, 17 g KH

Zubereitung:
30 Minuten
Garen:
40 Minuten

- Den Backofen auf 230 °C vorheizen. Ein Backblech mit Backpapier belegen. Die Aubergine putzen, waschen und quer in etwa 1 cm dicke Scheiben schneiden. Die Scheiben salzen und wenige Minuten Wasser ziehen lassen.

- Inzwischen 2 EL Öl, 1 TL Ras el Hanout, Salz und Pfeffer in einer Tasse verrühren. Die Auberginenscheiben trocken tupfen und mit dem Würzöl bestreichen. Nebeneinander auf das Blech legen und im Ofen auf der mittleren Schiene 35 bis 40 Minuten knusprig backen.

- Währenddessen die Mandelblättchen in einer Pfanne ohne Fett anrösten, herausnehmen und abkühlen lassen. Den Knoblauch schälen und fein würfeln. Den Mangold putzen und waschen, Blätter und Stiele separat in etwa 1 cm breite Streifen schneiden.

- Das restliche Öl (1 EL) in der Pfanne erhitzen und Knoblauch und Mangoldstiele darin etwa 4 Minuten andünsten. Nach etwa 2 Minuten die Mangoldblätter hinzufügen und kurz mitgaren. Den Mangold mit dem Essig ablöschen und mit Zucker, Salz und Pfeffer würzen.

- Skyr und Mandelmus gründlich mischen und mit restlichem Ras el Hanout, Salz und Pfeffer abschmecken. Die Auberginenscheiben aus dem Ofen nehmen und auf Tellern oder einem Holzbrett anrichten. Den Skyr-Mix und den Mangold darauf verteilen und zuletzt die Mandelblättchen darüberstreuen.

HALLOUMI MIT COUSCOUS
UND ROSMARINZUCCHINI

Für 2 Personen
4 getrocknete Softtomaten
50 g Vollkorncouscous
Salz
400 g Zucchini
3 EL Olivenöl
1 TL getrockneter Rosmarin
2 Knoblauchzehen
125 g Halloumi
1 kleine getrocknete
rote Chilischote

Nährwerte pro Portion:
ca. 480 kcal,
21 g EW, 31 g F, 26 g KH

Zubereitung:
25 Minuten
Quellen:
10 Minuten

● Die Softtomaten in kleine Würfel schneiden und mit dem Couscous und ¼ TL Salz in einer Schüssel mischen. Mit 150 ml kochend heißem Wasser übergießen und zugedeckt etwa 10 Minuten quellen lassen.

● Inzwischen die Zucchini putzen, waschen, längs vierteln und quer in etwa 5 cm lange Stücke schneiden. 1 EL Öl in einer Pfanne erhitzen und die Zucchini darin bei mittlerer bis starker Hitze 5 bis 7 Minuten anbraten, bis sie leicht gebräunt sind. Dann mit Salz und Rosmarin würzen, herausnehmen und warm halten.

● Den Knoblauch schälen und in feine Scheiben schneiden. Den Halloumi quer halbieren. Das restliche Öl (2 EL) in der Pfanne erhitzen und den Knoblauch und die zerkrümelte Chilischote darin bei mittlerer bis starker Hitze etwa 2 Minuten anbraten. (Achtung: Der Knoblauch darf aber nicht braun werden, sonst schmeckt er bitter!) Den Halloumi dazugeben und auf jeder Seite goldbraun anbraten.

● Zum Servieren den Couscous mit einer Gabel auflockern, dann mit Zucchini und Halloumi auf Teller verteilen und mit dem Knoblauchöl aus der Pfanne beträufeln.

Couscous besteht aus Getreidegrieß, der angefeuchtet und zu Kügelchen zerrieben wird. Wer keinen Weizen essen möchte, greift einfach zu Dinkel-Couscous. In der Vollkornvariante sind noch Schalenanteile der Getreidekörner enthalten, in denen sättigende und blutzuckerschonende Ballaststoffe stecken. Wegen der kurzen Garzeit ist Couscous eine wunderbare Kohlenhydratbeilage, wenn es schnell gehen muss.

QUINOA-BOWL MIT KNUSPER-TOFU UND SESAM-CURRY-SAUCE

Für 2 Personen
40 g Quinoa
Salz
200 g Tofu
200 g Weißkohl
1 haselnussgroßes Stück Ingwer
200 g Mangold
(ersatzweise Blattspinat)
2 EL Rapsöl
Pfeffer aus der Mühle
1 EL geröstetes Sesamöl
1 EL helle Sesamsamen
1 EL Speisestärke
1 EL Tahin (Sesampaste)
1 TL Currypulver
1 Knoblauchzehe

Nährwerte pro Portion:
ca. 475 kcal,
23 g EW, 30 g F, 24 g KH

Zubereitung:
30 Minuten

- Die Quinoa in Salzwasser nach Packungsanweisung bissfest garen. Inzwischen den Tofu in mehrere Lagen Küchenpapier wickeln und bis zur Verarbeitung mit einem Topf beschweren – das presst die Flüssigkeit aus dem Tofublock.

- Den Weißkohl putzen, waschen und in feine Streifen schneiden. Ingwer schälen und fein reiben. Weißkohl, Ingwer und ¼ TL Salz mit den Händen 2 bis 3 Minuten durchkneten. Den Mangold putzen und waschen, Blätter und Stiele separat in etwa 2 cm breite Streifen schneiden. Erst die Stiele in einer Pfanne in 1 EL Rapsöl etwa 3 Minuten anbraten, dann die Blätter dazugeben und etwa 1 Minute mitbraten. Alles mit Salz, Pfeffer und Sesamöl würzen und mit Sesam bestreuen. Herausnehmen und warm halten.

- Den Tofu in etwa 1 ½ cm große Würfel schneiden und in einer Schüssel mit Stärke, Salz und Pfeffer mischen. In der Pfanne im restlichen Rapsöl (1 EL) bei mittlerer bis starker Hitze rundum knusprig braun braten, bei Bedarf nochmals salzen und pfeffern.

- Für die Sauce Tahin, Curry und 6 EL Wasser in einer Tasse gut verrühren. Den Knoblauch schälen, dazupressen und unterrühren. Mit Salz und Pfeffer abschmecken.

- Zum Servieren die Quinoa abgießen und mit Weißkohl, Mangold und Tofu nebeneinander auf Schalen (Bowls) verteilen. Mit der Sauce beträufeln.

Wer auf Sojaprodukte verzichten möchte, für den sind gebratene Putenstreifen oder wachsweich gekochte Eier ein guter Tofu-Ersatz.

ARTISCHOCKEN-TOMATEN-SALAT
MIT FETA UND MINZE

Für 2 Personen
1 Glas Artischockenherzen (ca. 160 g Abtropfgewicht)
4 Tomaten
2 Frühlingszwiebeln
4 getrocknete Softtomaten
100 g Feta light (9 % Fett)
½ Bio-Zitrone
2 EL Olivenöl
1 TL flüssiger Honig (ersatzweise Zucker)
Salz, Pfeffer aus der Mühle

Nährwerte pro Portion:
ca. 290 kcal,
15 g EW, 15 g F, 18 g KH

Zubereitung:
20 Minuten

● Die Artischocken in ein Sieb abgießen und abtropfen lassen. Die Tomaten waschen und in Spalten schneiden, dabei die Stielansätze entfernen. Die Frühlingszwiebeln putzen, waschen und in dünne Ringe schneiden. Die Softtomaten in feine Streifen schneiden. Den Feta mit den Händen zerkrümeln. Alle vorbereiteten Zutaten in eine Salatschüssel geben.

● Zitrone heiß waschen, abtrocknen und die Schale fein abreiben, dann die Zitronenhälfte auspressen. Zitronenschale und -saft, Öl, Honig, Salz und Pfeffer in einer Tasse verquirlen, zum Salat geben und untermischen.

● Zum Servieren nach Belieben 1 Stiel Minze waschen, trocken tupfen, die Blätter abzupfen und in feine Streifen schneiden. Die Minze unter den Salat heben. Diesen nochmals mit Salz und Pfeffer abschmecken und auf Teller verteilen. Dazu schmeckt geröstetes Vollkornbrot.

Artischocken sind pure Medizin für Ihre Leber! Insbesondere der in ihnen reichlich enthaltene Bitterstoff Cynarin regt den Stoffwechsel der Leber an. Es werden vermehrt Gallensäuren produziert, was wiederum dazu führt, dass Cholesterin über den Darm entsorgt werden kann. Gleichzeitig bremst Cynarin die Biosynthese von Cholesterin in der Leber – die Folge: Das Gesamtcholesterin sinkt um bis zu 12 Prozent. Leider gibt es bei uns frische Artischocken nur sehr selten, am ehesten findet man sie auf Wochenmärkten. Aber die Alternative aus dem Glas schmeckt auch und spart Putzarbeit. Achten Sie beim Kauf auf ein Produkt ohne Zuckerzusatz.

HARZER BIERGARTENKÄSE

Für 2 Personen
200 g Harzer Käse (Harzer Roller)
1 Bund Radieschen
2 Frühlingszwiebeln
1 EL Weißweinessig
1 TL süßer Senf
2 EL Rapsöl
Salz, Pfeffer aus der Mühle
½ TL ganzer Kümmel
2 Scheiben Vollkornbrot (à ca. 40 g)

Nährwerte pro Portion:
ca. 325 kcal,
34 g EW, 10 g F, 20 g KH

Zubereitung:
15 Minuten
Marinieren:
mindestens 30 Minuten

- Die Käsescheiben nebeneinander in eine Auflaufform legen. Die Radieschen putzen, waschen und in dünne Scheiben schneiden. Die Frühlingszwiebeln putzen, waschen und in sehr dünne Ringe schneiden. Beides um den Käse herum in der Form verteilen.

- Essig, Senf, Öl, Salz, Pfeffer und Kümmel in einer Tasse gut verrühren. Die Vinaigrette zu Käse, Radieschen und Frühlingszwiebeln geben und gut untermischen. Den Harzer Käse mindestens 30 Minuten marinieren lassen.

- Zum Servieren Käse und Gemüse auf Teller verteilen und das Brot dazu reichen.

Harzer Käse ist der Protein-Champion unter den Käsesorten – so viel Eiweiß wie er liefert keiner. Und weil er auch noch wenig Fett (0,7 g pro 100 g) und keine Kohlenhydrate enthält, ist er perfekt für eine gesunde Leber und der Liebling aller, die auf ihre Figur achten. Der geringe Fettanteil ist übrigens der Grund für die feste Konsistenz des Käses, der aus Quark hergestellt wird.

AVOCADO-CARPACCIO
MIT TOMATEN-SALSA

Für 2 Personen
1 Avocado
Salz
1 EL Limettensaft
4 Tomaten
1 Knoblauchzehe
1 kleine rote Chilischote
1 kleine Zwiebel
2 EL Olivenöl
¼ TL gemahlener Kreuzkümmel

Nährwerte pro Portion:
ca. 360 kcal,
6 g EW, 27 g F, 13 g KH

Zubereitung:
20 Minuten

● Die Avocado halbieren und den Stein entfernen. Das Fruchtfleisch mit einem Löffel aus den Schalen heben und in dünne Scheiben schneiden. Die Avocadoscheiben leicht überlappend auf Tellern auslegen, leicht salzen und sofort mit dem Limettensaft beträufeln, damit sie sich nicht bräunlich verfärben.

● Für die Salsa die Tomaten waschen und in kleine Würfel schneiden, dabei die Stielansätze entfernen. Den Knoblauch schälen und fein würfeln. Nach Belieben 1 Bund Koriandergrün waschen, trocken tupfen, die Blätter abzupfen und fein hacken. Die Chilischote längs halbieren, entkernen, waschen und in feine Würfel schneiden. Die Zwiebel schälen und fein würfeln. Tomaten, Knoblauch, Koriandergrün nach Belieben, Chili, Zwiebelwürfel, Öl und Kreuzkümmel mischen.

● Zum Servieren die Salsa mit Salz abschmecken und auf dem Avocado-Carpaccio verteilen. Wer mag, kann dazu noch pro Person 1 Scheibe Vollkornbrot (ca. 40 g) reichen. Dann ist das Gericht allerdings nicht mehr Low Carb.

Wegen ihres hohen Fettgehalts wird die Avocado auch liebevoll „Butterbirne" genannt. Allerdings ist ihr Fettsäuremuster ganz anders als das von Butter: Anstelle von ungünstigen gesättigten Fettsäuren versorgt die Avocado unseren Körper mit herzgesunden, antientzündlichen einfach ungesättigten Fettsäuren. Deshalb ist sie auch günstig bei einer Fettleberentzündung.
Wer auf Nachhaltigkeit achtet, sollte Avocados kaufen, die in Europa geerntet wurden – und sie wegen des leider sehr hohen Wasserbedarfs zur Aufzucht der Früchte nicht allzu oft in den Einkaufskorb legen.

ORIENTALISCHER NUDELSALAT
MIT TOMATEN UND AUBERGINEN

Für 2 Personen
80 g Vollkornpenne
Salz
400 g Auberginen
2 Tomaten
1 Frühlingszwiebel
6 Stiele Petersilie
1 TL Korianderkörner
4 EL Olivenöl
Pfeffer aus der Mühle
½ TL Zimtpulver
2 EL Zitronensaft
1 TL Ahornsirup
(ersatzweise Zucker)
¼ TL Harissa-Pulver
(ersatzweise Chiliflocken)

Nährwerte pro Portion:
ca. 390 kcal,
9 g EW, 20 g F, 39 g KH

Zubereitung:
30 Minuten
Ziehen:
mindestens 15 Minuten

- Die Nudeln in kochendem Salzwasser nach Packungsanweisung bissfest garen. Inzwischen die Auberginen putzen, waschen und in etwa 2 cm große Würfel schneiden. Mit Salz bestreuen und wenige Minuten Wasser ziehen lassen.

- Die Tomaten waschen und klein würfeln, dabei die Stielansätze entfernen. Die Frühlingszwiebel putzen, waschen und in dünne Ringe schneiden. Die Petersilie waschen, trocken tupfen, die Blätter abzupfen und fein hacken.

- Die Auberginenwürfel trocken tupfen. Die Korianderkörner im Mörser zerstoßen. 2 EL Öl in einer beschichteten Pfanne erhitzen und die Auberginenwürfel darin bei mittlerer bis großer Hitze etwa 8 Minuten anbraten, bis sie weich und leicht gebräunt sind. Danach mit Salz, Pfeffer, Zimt und Koriander würzen.

- Die Nudeln in ein Sieb abgießen, kalt abschrecken und abtropfen lassen, dann mit Auberginen, Tomaten, Frühlingszwiebel und Petersilie in einer Salatschüssel mischen.

- Für das Dressing das restliche Öl (2 EL) mit Zitronensaft, Ahornsirup und Harissa verrühren und mit Salz abschmecken. Den Salat mit dem Dressing mischen und vor dem Servieren mindestens 15 Minuten durchziehen lassen.

Nachtschattengewächse wie Aubergine und Tomaten sind sehr günstig für die Leber. Denn sie enthalten den sekundären Pflanzenstoff Lykopin, der antioxidativ wirksam ist und die Immunabwehr steigert. Beides stärkt unsere Leber. Lykopin ist übrigens aus gegarten Tomaten noch besser für uns verfügbar als aus rohen.

SALAT MIT GEGRILLTEM ZIEGENKÄSE
UND WALNÜSSEN

Für 2 Personen
60 g Pflücksalat
1 Glas Artischockenherzen
(ca. 160 g Abtropfgewicht)
1 Mini-Salatgurke
1 rote Spitzpaprikaschote
2 EL Walnussöl
1 EL Aceto balsamico
1 EL Feigensenf
Salz, Pfeffer aus der Mühle
1 Ziegenkäserolle (150 g)
4 EL Walnusskerne
½ TL flüssiger Honig
½ TL getrockneter Thymian

Nährwerte pro Portion:
ca. 565 kcal,
17 g EW, 46 g F, 19 g KH

Zubereitung:
30 Minuten

● Den Pflücksalat verlesen, waschen und trocken schleudern. Die Artischocken in ein Sieb abgießen und abtropfen lassen. Die Gurke waschen, längs vierteln und quer in dünne Scheiben schneiden. Die Paprikaschote längs halbieren, entkernen, waschen und quer in feine Streifen schneiden. Salat, Artischocken, Gurke und Paprika auf Teller verteilen.

● Für die Vinaigrette Öl, Essig, Senf, 2 EL Wasser, Salz und Pfeffer in einer Tasse gründlich verrühren, dann über den Salat träufeln.

● Den Backofengrill einschalten. Den Ziegenkäse quer in sechs Scheiben schneiden und nebeneinander in eine Auflaufform legen. Die Walnüsse hacken und mit Honig, Thymian, Salz und Pfeffer mischen. Den Käse unter dem Backofengrill auf der oberen Schiene 2 bis 3 Minuten grillen.

● Dann die Käsescheiben mit dem Walnuss-Mix bestreuen und noch kurz (1 bis 2 Minuten) weitergrillen, bis die Walnüsse gebräunt und das Innere der Käsescheiben weich ist. Die Ziegenkäsetaler aus dem Ofen nehmen und sofort neben dem Salat anrichten.

Walnüsse geben Salaten kernigen Biss – sie sind aber auch der perfekte Gesund-Snack für zwischendurch. Sie enthalten reichlich Omega-3-Fettsäuren, die nachweislich die Leberfettwerte von Patienten mit nichtalkoholischer Fettleber verbessern können. Ein weiteres Plus: Walnüsse liefern eine gute Portion B-Vitamine, die das Gedächtnis und die Nerven stärken und gegen Stress und Konzentrationsprobleme helfen.

TOFU-SPITZKOHL-OMELETT
MIT WASABI UND SPROSSEN

Für 2 Personen
400 g Spitzkohl
100 g Räuchertofu
(ersatzweise 125 g Kichererbsen aus der Dose)
4 Eier (Größe M)
Salz, Pfeffer aus der Mühle
4 EL Joghurt (1,5 % Fett)
½ TL Wasabipaste
(japan. Meerrettich; ersatzweise Meerrettich aus dem Glas)
1 Handvoll Rettichsprossen
(ersatzweise Pflücksalat)
1 EL Rapsöl

Nährwerte pro Portion:
ca. 365 kcal,
29 g EW, 21 g F, 12 g KH

Zubereitung:
20 Minuten

● Vom Spitzkohl die äußeren Blätter entfernen, den Kohl halbieren und den harten Strunk entfernen. Den Kohl in feine Streifen schneiden. Den Tofu in etwa 1 cm große Würfel schneiden. Die Eier in eine Schüssel aufschlagen, salzen, pfeffern und gründlich mit einem Schneebesen verquirlen.

● Für die Sauce Joghurt und Wasabi in einer Tasse gut verrühren und mit Salz abschmecken. Die Sprossen in einem Sieb abbrausen und abtropfen lassen.

● Das Öl in einer beschichteten Pfanne erhitzen und den Tofu darin rundum anbraten. Den Spitzkohl dazugeben und etwa 4 Minuten mitbraten, alles leicht salzen und pfeffern. Dann die Eiermischung darübergießen und das Omelett offen bei mittlerer Hitze 6 bis 8 Minuten stocken lassen.

● Zum Servieren das Omelett vierteln und jeweils zwei Viertel auf einen Teller geben. Die Wasabisauce über das Omelett träufeln und die Sprossen darauf anrichten. Nach Belieben kann man 1 Scheibe Vollkornbrot (ca. 40 g) zum Omelett essen – das Gericht ist trotzdem noch Low Carb.

Die zarten Sprossen von Gemüse-, Getreide- oder Hülsenfruchtsamen enthalten mehr Vitamine und Mineralstoffe als die ausgewachsenen Pflanzen. Als kleine Kraftpakete kämpfen die unscheinbaren Pflänzchen gegen Entzündungen sowie Herz-Kreislauf-Erkrankungen und senken den Blutzuckerspiegel. Die Sprossen von Kreuzblütlern wie Kresse oder Rettich liefern reichlich Senfölglykoside. Diese sekundären Pflanzenstoffe kurbeln die Fettverbrennung an und sollen sogar das Wachstum von Tumorzellen eindämmen.

2 HART GEKOCHTE EIER – 4 KÖSTLICHE REZEPTIDEEN

Wieso hart gekochte Eier? Weil sie in komprimierter Form das Eiweiß liefern, das unser Körper am besten verwerten kann. Außerdem entlastet eine gute Portion Eiweiß unsere Leber und den Zuckerstoffwechsel. Eier kann jeder kochen – und sie lassen sich super variieren.

EIER-SCHINKEN-BROT MIT GEMÜSE-STICKS

Für 2 Personen: **2 hart gekochte Eier** pellen und fein hacken. Dann mit **50 g gewürfeltem Putenbrustaufschnitt, 2 EL Schnittlauchröllchen** und **100 g körnigem Frischkäse (Hüttenkäse)** in einer Schüssel mischen. Den Aufstrich mit **Salz und Pfeffer** würzen und mit **2 Scheiben Vollkornbrot (à ca. 40 g)** sowie **400 g Gemüsestreifen** (z. B. Salatgurke, Möhren, Paprika oder Fenchel) servieren.

Nährwerte pro Portion:
ca. 290 kcal,
22 g EW, 9 g F, 26 g KH

BROKKOLIROHKOST MIT GEHACKTEM EI

Für 2 Personen: **400 g Brokkoli** putzen, waschen und in Röschen teilen. Den Strunk schälen und grob würfeln. Brokkoliröschen und -strunk im Blitzhacker klein häckseln. **2 Frühlingszwiebeln** putzen, waschen und in dünne Ringe schneiden. Brokkoli und Frühlingszwiebeln mit **Salz, Pfeffer, 2 EL Rapsöl, 2 EL Weißweinessig,** 8 EL Wasser und **1 TL mittelscharfem Senf** mischen und auf Teller verteilen. **2 hart gekochte Eier** pellen, fein hacken und mit **2 EL gerösteten Kürbiskernen** über den Salat streuen.

Nährwerte pro Portion:
ca. 305 kcal,
19 g EW, 20 g F, 8 g KH

BLUMENKOHL-SPINAT-CURRY

Für 2 Personen: **300 g tiefgekühlte Blumenkohlröschen** und **200 g tiefgekühlten Blattspinat** in einem Topf in **1 EL Rapsöl** etwa 2 Minuten anbraten. **¼ l Gemüsebrühe** dazugießen, alles aufkochen und mit geschlossenem Deckel bei schwacher bis mittlerer Hitze etwa 8 Minuten garen. **100 g saure Sahne, 2 TL Currypulver, Salz** und **Pfeffer** dazugeben. Das Curry auf Schalen verteilen. **Je 1 hart gekochtes Ei** pellen, halbieren und daraufsetzen. Wer mag, isst zum Curry noch eine kleine Portion Naturreis oder Pellkartoffeln.

Nährwerte pro Portion:
ca. 245 kcal,
15 g EW, 17 g F, 10 g KH

PUTEN-RETTICH-SALAT

Für 2 Personen: **150 g Putenbrustaufschnitt (in dünnen Scheiben)** nach Belieben in Streifen schneiden. **300 g roten Rettich** putzen, waschen und auf der Gemüsereibe in dünne Scheiben hobeln. Putenbrust, Rettich, **Salz, Pfeffer, 2 EL Weißweinessig** und **2 EL Kürbiskernöl** in einer Schüssel mischen und den Salat mittig auf Tellern anrichten. **2 hart gekochte Eier** pellen, sechsteln und rund um den Salat verteilen. **Von 1 Beet Gartenkresse** die Blätter abschneiden, waschen, trocken tupfen und über Salat und Eier streuen.

Nährwerte pro Portion:
ca. 280 kcal,
24 g EW, 17 g F, 5 g KH

CHICORÉE-SCHIFFCHEN
MIT LACHSFRISCHKÄSE

Für 2 Personen
8 Chicoréeblätter
(ca. 100 g)
50 g geräucherter Lachs
(in dünnen Scheiben)
2 Stiele Dill
2 Frühlingszwiebeln
200 g körniger Frischkäse
(Hüttenkäse)
Salz, Pfeffer aus der Mühle
100 g Pumpernickel
(in runden Scheiben)

Nährwerte pro Portion:
ca. 255 kcal,
21 g EW, 8 g F, 21 g KH

Zubereitung:
10 Minuten

- Die Chicoréeblätter waschen, trocken tupfen und auf Teller verteilen. Den Lachs in kleine Würfel schneiden. Den Dill waschen, trocken tupfen, die Spitzen abzupfen und fein hacken. Die Frühlingszwiebeln putzen, waschen und schräg in dünne Ringe schneiden.

- In einer Schüssel Lachs, zwei Drittel des gehackten Dills, Frühlingszwiebeln und Hüttenkäse mischen und mit Salz und Pfeffer abschmecken.

- Zum Servieren je vier Chicoréeblätter auf einen Teller setzen und den Hüttenkäse-Mix darauf verteilen. Mit dem restlichen Dill garnieren und den Pumpernickel dazu reichen.

- Für eine Low-Carb-Variante das Brot weglassen und pro Person die Menge der Chicorée-Schiffchen verdoppeln (Nährwerte pro Portion: ca. 335 kcal, 38 g EW, 14 g F, 10 g KH).

Chicorée zählt zu den Top-Lebensmitteln der lebergesunden Küche, weil er reichlich Bitterstoffe enthält, die unser Entgiftungsorgan stärken und schützen. Außerdem liefern die kleinen Stauden nur wenig Kalorien, punkten aber mit wertvollen Vitaminen, Mineralstoffen wie Kalium und Zink sowie mit Inulin. Dieser Ballaststoff ist gut für das Mikrobiom und lässt den Blutzuckerspiegel nur sehr langsam ansteigen.

RÄUCHERFORELLE
MIT SPITZKOHL-APFEL-SALAT

Für 2 Personen
½ kleiner Spitzkohl (ca. 500 g)
Salz
2 EL Weißweinessig
1 Apfel
1 Frühlingszwiebel
1 walnussgroßes Stück Ingwer
2 EL Rapsöl
Pfeffer aus der Mühle
50 g Frischkäse
½ TL geriebener Meerrettich (aus dem Glas)
250 g geräucherte Forellenfilets

Nährwerte pro Portion:
ca. 435 kcal,
35 g EW, 23 g F, 19 g KH

Zubereitung:
25 Minuten

- Vom Spitzkohl die äußeren Blätter entfernen, den Kohl halbieren und den harten Strunk entfernen. Den Kohl quer in feine Streifen schneiden und mit ¼ TL Salz und dem Essig in einer Schüssel mischen. Alles mit den Händen etwa 3 Minuten gut durchkneten.

- Den Apfel waschen, vierteln, entkernen und in kleine Würfel schneiden. Die Frühlingszwiebel putzen, waschen und in dünne Ringe schneiden. Den Ingwer schälen und fein reiben oder sehr fein würfeln. Apfel, Frühlingszwiebel und Ingwer mit dem Öl unter den Spitzkohl mischen und den Salat mit Salz und Pfeffer abschmecken.

- Für die Sauce Frischkäse, Meerrettich und 3 EL Wasser in einer kleinen Schüssel verrühren und mit Salz abschmecken.

- Zum Servieren den Spitzkohlsalat auf Teller verteilen. Die Forellenfilets danebensetzen und alles mit der Meerrettichsauce beträufeln.

Ingwer ist eine echte Allzweckwaffe im Kampf gegen ernährungsbedingte Krankheiten. Denn die scharfe Knolle wirkt entzündungshemmend, verbessert die Leberwerte, regt die Verdauung an, stärkt das Immunsystem, reguliert den Blutzuckerspiegel, kurbelt die Durchblutung an und hemmt den Appetit. Viele gute Gründe, öfter mal ein Gericht mit Asia-Würze aufzupeppen oder eine Tasse Ingwertee zu genießen!

FENCHEL-LINSEN-SALAT
MIT MAKRELENCREME

Für 2 Personen
50 g Beluga-Linsen
1 Fenchelknolle
2 Stiele Dill
2 EL Rapsöl
Salz, Pfeffer aus der Mühle
4 EL Orangensaft
1 geräuchertes Makrelenfilet
(ca. 150 g; mit Haut)
200 g Skyr

Nährwerte pro Portion:
ca. 465 kcal,
36 g EW, 26 g F, 23 g KH

Zubereitung:
20 Minuten
Garen:
30 Minuten

- Die Beluga-Linsen in Wasser nach Packungsanweisung weich garen. Inzwischen den Fenchel putzen, waschen und längs halbieren, den harten Strunk entfernen und die Hälften längs in dünne Streifen schneiden. Den Dill waschen, trocken tupfen und die Spitzen abzupfen.

- In einer beschichteten Pfanne 1 EL Öl erhitzen und den Fenchel darin bei mittlerer bis starker Hitze 3 bis 4 Minuten braten, sodass er gar ist, aber noch Biss hat. Den Fenchel mit Salz, Pfeffer und nach Belieben ¼ TL angestoßenen Fenchelsamen würzen.

- Die Linsen in ein Sieb abgießen und abtropfen lassen, dann in einer Salatschüssel mit Fenchel, Orangensaft und restlichem Öl (1 EL) mischen. Den Salat mit Salz und Pfeffer abschmecken und auf Teller verteilen.

- Das Makrelenfilet häuten und mit einer Gabel in feine Stücke zupfen. Makrele und Skyr in einer Schüssel mischen und mit Salz und Pfeffer abschmecken. Aus der Makrelencreme mit zwei Esslöffeln Nocken formen und rund um den Salat anrichten. Den Salat mit Dill bestreuen.

Linsen galten lange Zeit als Armeleuteessen und waren etwas in Vergessenheit geraten. Jetzt feiern sie vor allem in der veganen Küche ein glanzvolles Revival. Denn in einer rein pflanzlichen Ernährung sind Hülsenfrüchte eine der Hauptquellen für hochwertiges Eiweiß. Doch auch Nichtveganer profitieren von den ernährungsphysiologischen Vorteilen der Linsen, die obendrein noch jede Menge Ballaststoffe für einen ausgeglichenen Blutzuckerspiegel und einen gesunden Darm liefern.

BUNTE GEMÜSE-BOWL
IM NIZZA-STYLE

Für 2 Personen
2 Eier
200 g tiefgekühlte Prinzessbohnen
Salz
2 Tomaten
2 Pastinaken (ca. 200 g)
3 EL Olivenöl
Pfeffer aus der Mühle
½ TL getrockneter Thymian
1 Dose Thunfisch (in Wasser; ca. 145 g Abtropfgewicht)
50 g Kalamata-Oliven (ohne Stein)
1 TL Dijonsenf
1 EL Weißweinessig

Nährwerte pro Portion:
ca. 480 kcal,
32 g EW, 28 g F, 20 g KH

Zubereitung:
25 Minuten

● Die Eier in kochendem Wasser 7 bis 10 Minuten nach Wunsch wachsweich oder hart garen, danach kalt abschrecken. Die Bohnen in kochendem Salzwasser etwa 4 Minuten blanchieren, in ein Sieb abgießen, kalt abschrecken und abtropfen lassen. Die Tomaten waschen und in Würfel schneiden, dabei die Stielansätze entfernen.

● Die Pastinaken putzen, schälen und in etwa 3 mm dünne Scheiben schneiden. 1 EL Öl in einer beschichteten Pfanne erhitzen und die Pastinaken darin bei mittlerer bis starker Hitze auf jeder Seite goldbraun anbraten, dann mit Salz, Pfeffer und Thymian würzen.

● Den Thunfisch und die Oliven abtropfen lassen. Die Eier pellen und vierteln. Die Bohnen auf Schalen (Bowls) verteilen, leicht salzen und pfeffern. Pastinaken, Tomaten, Thunfisch, Oliven und Eier darauf anrichten.

● In einer Tasse das restliche Öl (2 EL) mit Dijonsenf, Essig, Salz und Pfeffer zu einer Vinaigrette verrühren und die Bowls damit großzügig beträufeln.

Viele lieben Thunfisch als Pizzabelag, hier kommt er in eine vitaminreiche Bowl, um Ihrer Leber beim Gesundwerden zu helfen: mit entzündungshemmenden Omega-3-Fettsäuren (wie Docosahexaen- und Eicosapentaensäure) und hochwertigem Eiweiß. Da Thunfische vom Aussterben bedroht sind, sollten Sie sie allerdings nur ab und zu essen und wenn möglich Produkte kaufen, die aus nachhaltigem Fischfang stammen.

KALORIENFASTEN: 4 REZEPTE MIT 300 KCAL

Lust auf etwas Frisches? Nach Frühstück und warmen Gerichten haben Sie hier die Wahl, mit welchem Salat Sie Ihren 800-Kalorien-Tag genussvoll abrunden möchten.

PAPAYA-TOMATEN-CAPRESE

Für 2 Personen: **250 g Papaya** entkernen, schälen und in Scheiben schneiden. **400 g Tomaten** waschen und in Scheiben schneiden, dabei die Stielansätze entfernen. **125 g Büffelmozzarella** in Scheiben schneiden. Die vorbereiteten Zutaten dachziegelartig auf einem Teller anordnen, **salzen und pfeffern.** Mit **1 EL Olivenöl** beträufeln und mit **Basilikumblättern** garnieren.

Nährwerte pro Portion:
ca. 300 kcal,
11 g EW, 20 g F, 15 g KH

CURRY-ROHKOST MIT PUTENSTREIFEN

Für 2 Personen: **100 g Feldsalat** verlesen, waschen und trocken schleudern. **300 g Möhren** putzen, schälen und auf der Gemüsereibe grob raspeln. **1 großen Apfel (ca. 200 g)** waschen, vierteln, entkernen und quer in dünne Spalten schneiden. **2 Frühlingszwiebeln** putzen, waschen und in dünne Ringe schneiden. Die Zutaten auf Teller verteilen. **150 g Joghurt, 1 TL Zucker, 1 TL Currypulver, Salz und Pfeffer** zu einem Dressing verrühren. **150 g Putenbrustfilet** waschen, trocken tupfen, in Streifen schneiden und in einer Pfanne in **1 EL Rapsöl** rundum etwa 3 Minuten braten, salzen und pfeffern. Den Salat mit dem Dressing beträufeln, die Putenstreifen darauf anrichten.

Nährwerte pro Portion:
ca. 300 kcal,
23 g EW, 8 g F, 28 g KH

GRIECHISCHER QUINOA-SALAT

Für 2 Personen: **40 g Quinoa** nach Packungsanweisung bissfest garen. **1 Mini-Salatgurke** waschen, längs halbieren und quer in Scheiben schneiden. **300 g Tomaten** waschen und in Scheiben schneiden, dabei die Stielansätze entfernen. **1 kleine rote Zwiebel** schälen, vierteln und quer in Viertelringe schneiden. **90 g Feta light (9 % Fett)** zerkrümeln. Die Zutaten in eine Schüssel geben und mit **1 EL Olivenöl, 1 EL gehackter Minze, 2 EL Zitronensaft** und **40 g Kalamata-Oliven** mischen. Den Salat mit **Salz und Pfeffer** abschmecken und auf Tellern anrichten.

Nährwerte pro Portion:
ca. 300 kcal,
14 g EW, 16 g F, 22 g KH

GLÜCKSROLLEN MIT CHILI-DIP

Für 2 Personen: **6 runde Reispapierblätter** nach Packungsanweisung in Wasser einweichen und mit einem feuchten Küchentuch abdecken. **6 Kopfsalatblätter** waschen und trocken tupfen. **100 g Tofu** in dünne Streifen schneiden. **2 EL Cashewkerne** hacken. **50 g Papayafruchtfleisch** in feine Streifen schneiden. **3 Stiele Koriandergrün** waschen, trocken tupfen und die Blätter abzupfen. **50 g Salatgurke** waschen und raspeln. Jedes Reispapierblatt mit einem Sechstel von Salat, Tofu, Cashews, Papaya, Koriander und Gurke belegen, mit **Salz und Pfeffer** würzen. Die Ränder einschlagen und die Reispapierblätter fest aufrollen. **1 gehackte rote Chilischote** mit **1 EL Limettensaft, 2 EL geröstetem Sesamöl** und Salz verrühren, den Dip zu den Rollen reichen. Nach Belieben mit Sesamsamen garnieren.

Nährwerte pro Portion:
ca. 300 kcal,
10 g EW, 18 g F, 23 g KH

PUTENBRUSTAUFSCHNITT
MIT LÖWENZAHN-TABOULÉ

Für 2 Personen
50 g Vollkorncouscous
Salz
50 g Löwenzahn (ersatzweise Rucola oder Endivie)
2 Tomaten
4 getrocknete Softtomaten
1 Knoblauchzehe
2 Frühlingszwiebeln
2 EL Olivenöl
2 EL Zitronensaft
Pfeffer aus der Mühle
150 g Putenbrustaufschnitt (in dünnen Scheiben)

Nährwerte pro Portion:
ca. 330 kcal,
24 g EW, 12 g F, 27 g KH

Zubereitung:
20 Minuten
Quellen:
10 Minuten

- Den Vollkorncouscous mit ¼ TL Salz in einer Schüssel mischen und mit 150 ml kochend heißem Wasser übergießen. Dann zugedeckt etwa 10 Minuten quellen lassen.

- Inzwischen den Löwenzahn verlesen, in lauwarmem Wasser waschen und trocken schleudern, dabei grobe Stiele entfernen. Den Löwenzahn fein hacken. Die Tomaten waschen und in kleine Würfel schneiden, dabei die Stielansätze entfernen. Die Softtomaten ebenfalls klein würfeln. Den Knoblauch schälen und fein würfeln. Die Frühlingszwiebeln putzen, waschen und in dünne Ringe schneiden.

- Den Couscous mit einer Gabel auflockern und die vorbereiteten Zutaten unterheben. Den Salat mit Öl und Zitronensaft mischen und mit Salz und Pfeffer würzen.

- Zum Servieren den Putenbrustaufschnitt locker überlappend auf Teller verteilen und den Couscous-Salat mittig darauf anrichten.

Löwenzahn wächst fast direkt vor der Haustür und ist eine geradezu geniale Zutat, wenn man auf seine Lebergesundheit achten muss. Die würzigen Blätter liefern reichlich Vitamin C und unterstützen mit ihren ätherischen Ölen, Gerb- und Bitterstoffen die Leber- und Gallenfunktion und regulieren den Blutzucker. Also, nichts wie raus auf die (straßenferne!) Wiese und von März bis September grüne Lebermedizin ernten!

TEX-MEX-WRAPS
MIT HÄHNCHEN UND JOGHURTDIP

Für 2 Personen
4 Salatblätter
(z. B. Frisée oder Romana)
½ gelbe Paprikaschote
1 Möhre
1 kleine Dose Kidneybohnen
(ca. 140 g Abtropfgewicht)
¼ TL Korianderkörner
150 g Hähnchenbrustfilet
1 EL Rapsöl
Salz
1 Msp. Chiliflocken
100 g Joghurt (1,5 % Fett)
1 Knoblauchzehe
Pfeffer aus der Mühle
2 Dinkel-Tortillafladen
(à ca. 70 g; am besten aus Vollkorn)

Nährwerte pro Portion:
ca. 460 kcal,
34 g EW, 12 g F, 51 g KH

Zubereitung:
30 Minuten

- Die Salatblätter waschen, trocken tupfen und in mundgerechte Stücke zupfen. Die Paprikaschote längs halbieren, entkernen, waschen und quer in feine Streifen schneiden. Die Möhre putzen, schälen und auf der Gemüsereibe fein raspeln. Die Bohnen in einem Sieb abbrausen und abtropfen lassen. Die Korianderkörner im Mörser zerstoßen.

- Das Hähnchenbrustfilet waschen, trocken tupfen und in Streifen schneiden. Das Öl in einer beschichteten Pfanne erhitzen und die Hähnchenbruststreifen darin bei starker Hitze rundum etwa 3 Minuten scharf anbraten. Das Fleisch mit Salz, Korianderkörnern und Chiliflocken würzen, aus der Pfanne nehmen und zwischen zwei Tellern warm halten.

- Inzwischen den Joghurt in eine Tasse geben. Den Knoblauch schälen und dazupressen, den Joghurtdip mit Salz und Pfeffer würzen.

- Die Tortillafladen nach Packungsanweisung erhitzen. Jeweils die Hälfte von Salat, Paprika, Möhre, Bohnen und Fleisch auf jeden Wrap verteilen, dabei am unteren Rand und an den Seitenrändern jeweils etwa 5 cm frei lassen. Die Füllung mit dem Knoblauchjoghurt beträufeln.

- Jeweils den unteren Wrap-Rand nach oben über die Füllung klappen und die Wraps von links nach rechts aufrollen. Am besten direkt von der Hand in den Mund genießen.

RINDERCARPACCIO
MIT CAMEMBERT-PREISELBEER-BROT

Für 2 Personen
200 g sehr (!) frisches Rinderfilet (am besten in Bioqualität)
Salz, Pfeffer aus der Mühle
1 EL Olivenöl
200 g Pilze (z. B. Egerlinge oder Kräuterseitlinge)
1 Handvoll Rucola
2 Scheiben Vollkornbrot (à ca. 40 g)
50 g Camembert
1 EL Rapsöl
2 EL Aceto balsamico
2 TL Preiselbeeren (aus dem Glas)

Nährwerte pro Portion:
ca. 395 kcal,
31 g EW, 20 g F, 20 g KH

Zubereitung:
30 Minuten
Tiefkühlen:
1 Stunde
Backen:
15 Minuten

- Das Rinderfilet in Frischhaltefolie wickeln und etwa 1 Stunde ins Tiefkühlfach legen. (Wer kein rohes Fleisch essen will, kann alternativ Rinderschinken verwenden.)

- Danach das leicht gefrorene Filet mit der Aufschnittmaschine oder einem sehr scharfen Messer in hauchdünne Scheiben schneiden und leicht überlappend auf Tellern auslegen. Das Carpaccio mit Salz und Pfeffer würzen und mit Olivenöl beträufeln, nochmals kühl stellen.

- Den Backofen auf 180 °C vorheizen. Ein Backblech mit Backpapier belegen. Die Pilze putzen, falls nötig, trocken abreiben und in mundgerechte Stücke schneiden. Den Rucola verlesen, waschen und trocken schleudern, dabei grobe Stiele entfernen.

- Die Brotscheiben nebeneinander auf das Blech legen. Den Camembert in dünne Scheiben schneiden und auf den Broten verteilen. Die Brote im Ofen auf der mittleren Schiene 10 bis 15 Minuten überbacken, bis der Käse geschmolzen und das Brot knusprig ist.

- Inzwischen die Pilze in einer Pfanne im Rapsöl bei starker Hitze so lange anbraten, bis keine Flüssigkeit mehr austritt. Mit Salz und Pfeffer würzen, mit dem Essig und 50 ml Wasser ablöschen.

- Zum Servieren Pilze und Rucola auf dem Carpaccio verteilen und mit Bratensaft aus der Pfanne beträufeln. Die Brote aus dem Ofen nehmen, jeweils mit 1 Klecks Preiselbeeren toppen und pfeffern. Zum Carpaccio servieren.

ENTLASTUNGSWOCHE FÜR DIE LEBER

Pausen tun unserer Leber gut! Planen Sie daher regelmäßig Entlastungstage ein. In diesem Wochenplan finden Sie Gerichte aus dem Buch, die insgesamt maximal 1500 Kalorien am Tag ergeben. Extra: zwei Leberfastentage mit nur 800 Kalorien.

Eine Anti-Fettleber-Kur sollten Sie mindestens vier Wochen beibehalten. Dieser Wochenplan erleichtert Ihnen den Einstieg – dann können Sie ihn mit Ihren Lieblingsgerichten weiter fortführen. Sie entlasten Ihre Leber, indem Sie ab und an fasten. Eine effektive Möglichkeit dafür ist Kalorienfasten mit täglich nur 800 Kalorien an zwei Tagen in der Woche.

1. Tag

FRÜHSTÜCK

Birchermüsli
(Seite 65) | 350 kcal

HAUPTGERICHT

Spinat-Feta-Küchlein mit Ofentomaten
(Seite 95) | 500 kcal

KLEINES GERICHT

Fenchel-Linsen-Salat mit Makrelencreme
(Seite 159) | 465 kcal

2. Tag – 800-Kalorien-Fastentag

Erdbeer-Carpaccio mit Skyr
(Seite 74) | 200 kcal

Ofengemüse mit Bohnendip
(Seite 117) | 300 kcal

Griechischer Quinoa-Salat
(Seite 163) | 300 kcal

3. Tag

Nektarinen-Buttermilch-Trinkmüsli
(Seite 64) | 270 kcal

Zanderfilet auf Radicchio-Thymian-Pasta
(Seite 102) | 430 kcal

Salat mit gegrilltem Ziegenkäse und Walnüssen
(Seite 148) | 565 kcal

	FRÜHSTÜCK	HAUPTGERICHT	KLEINES GERICHT
4. Tag	 Papaya-Joghurt-Bowl (Seite 66) | 510 kcal	 Pastinaken-Risotto mit Graupen und Haselnüssen (Seite 82) | 650 kcal	 Blumenkohl-Spinat-Curry (Seite 153) | 245 kcal
5. Tag – 800-Kalorien-Fastentag	 Rohkost mit Kräuterhummus (Seite 75) | 200 kcal	 Mediterrane Gemüsesuppe (Seite 117) | 300 kcal	 Papaya-Tomaten-Caprese (Seite 162) | 300 kcal
6. Tag	 Pancakes mit Obstsalat und Vanillesauce (Seite 72) | 560 kcal	 Veggie-Sandwich mit Auberginen und Halloumi (Seite 92) | 555 kcal	 Avocado-Carpaccio mit Tomaten-Salsa (Seite 144) | 360 kcal
7. Tag	 Rührei-Brote mit Krabben und Gurken (Seite 70) | 460 kcal	 Rindermedaillons mit Gemüse und Sellerie-Bergkäse-Püree (Seite 120) | 470 kcal	 Harzer Biergartenkäse (Seite 142) | 325 kcal

LEBENSMITTELAUSWAHL BEI FETTLEBER

Wer seiner Leber etwas Gutes tun möchte, sollte bei den Lebensmitteln richtig wählen. Ein Blick auf die Tabelle lohnt sich – halten Sie sich an alles Empfehlenswerte!

Kategorie	Empfehlenswert	Nicht empfehlenswert
Brot und Backwaren, Beilagen	Vollkornbrot/-brötchen, insbesondere aus Hafer, Dinkel, Roggen, Gerste; Haferflocken, Müsli ohne Zucker; Amarant, Quinoa; Vollkornnudeln, Vollkornreis, Pellkartoffeln	Weißbrot, Toastbrot, Zwieback, Weizen- und Milchbrötchen, Croissants; Hartweizennudeln, geschälter Reis, Pommes, Kroketten, Kartoffelbrei, Kartoffelpuffer; Fertiggerichte, Fast Food
Snacks und Knabberkram, Süßwaren		Süßigkeiten, süße Backwaren, süße Milchprodukte (s. u.), Eiscreme; Chips, Salzgebäck
Obst (2 kleine Portionen am Tag)	Aprikosen, Apfel, Avocado, Blaubeeren, Brombeeren, Clementinen, Erdbeeren, Kiwi, Grapefruit, Himbeeren, Johannisbeeren, Nektarine, Papaya, Orange, Pflaumen, Pfirsich, Sauerkirschen, Stachelbeeren, Wassermelone, Zwetschgen	gezuckerte Obstkonserven, Trockenobst und Obstmus; wegen Zuckergehalt auch einschränken: Banane, Kaki (Sharon), Weintrauben, Kirschen, Ananas, Mango, Honigmelone, Birnen
Gemüse (3 Portionen am Tag)	Salate, Bohnen, Linsen, Erbsen, Paprika, Möhren, Gurke, Kürbis, Tomate, Fenchel, Aubergine, Artischocken, Spinat, Zucchini, Rote Bete, Pastinake, Schwarzwurzel, Topinambur, Kohl, Radieschen, Spargel, Sauerkraut, Pilze	Mais; wegen Zuckergehalt auch einschränken: Süßkartoffeln
Fette und Öle (ca. 3 EL am Tag)	Olivenöl, Rapsöl, Walnussöl, Leinöl*, Weizenkeimöl, Algenöl, wenig Butter	Schweine- und Gänseschmalz, Butterschmalz, Palmfett, Mayonnaise, Sonnenblumenöl, Distelöl

Kategorie	Empfehlenswert	Nicht empfehlenswert
Nüsse und Samen (ca. 40 g am Tag)	Mandeln, Walnüsse, Haselnüsse, Cashews, Macadamia, Pinien-, Kürbis- und Sonnenblumenkerne; Sesam-, Chia-, Lein- und Flohsamen	Erdnüsse, gesalzene Nüsse
Getränke (ca. 2 l am Tag)	Wasser, Mineralwasser, ungezuckerter Tee und Kaffee	Fruchtsäfte, Softdrinks, Milchmixgetränke, Kakao, Alkohol
Fisch und Meeresfrüchte (1–2 Portionen pro Woche, insgesamt 200–250 g)	Aal, Forelle, Heilbutt, Hering, Kabeljau, Karpfen, Lachs, Makrele, Sardine/Sardellen, Scholle, Seezunge, Steinbutt, Thunfisch, Flusskrebs, Garnelen, Hummer, Krabben, Shrimps	in Mayonnaise oder Sahne eingelegter Fisch, panierter Fisch
Wurstwaren und Fleisch (2–3 kleine Portionen pro Woche, insgesamt 200–250 g)	Putenbrustaufschnitt, Hühnerfleisch; seltener: Rinderfilet, Kalbfleisch, Wild; Corned Beef, Koch- und Lachsschinken	Schweinefleisch, paniertes Fleisch; alle übrigen Wurstwaren, egal ob Aufschnitt, Koch-, Grill-, Brat- oder Bockwurst
Eier (ca. 5 pro Woche), **Milch und Milchprodukte, Käse**	Eier in allen Variationen; in Maßen: Milch (1,5 % Fett), Buttermilch, Magerquark, Naturjoghurt (1,5 % Fett); Harzer Käse, körniger Frischkäse; nur selten: Käse (bis 45 % Fett i. Tr.): Schnittkäse, Weichkäse, Feta, Mozzarella, Frischkäse, saure Sahne, Crème légère	Sahne, Schmand, Crème fraîche; Pudding, Milchreis, Fruchtjoghurt, Fruchtquark, Kakaozubereitungen, Fruchtbuttermilch

**) Herstellung unter Ausschluss von Sauerstoff, Hitze und Licht (Oxyguard/Omega-safe). Optimal wirken Lein- und Weizenkeimöl kombiniert.*

SACHREGISTER

REZEPTREGISTER

J/K

L

M/N

V/W

Z

HILFREICHE ADRESSEN

Deutsche Leberhilfe e.V.
Krieler Str. 100
50935 Köln
www.leberhilfe.org

Gastro-Liga
Deutsche Gesellschaft zur Bekämpfung der Krankheiten von Magen, Darm und Leber sowie von Störungen des Stoffwechsels und der Ernährung
Friedrich-List-Str. 13
35398 Gießen
www.gastro-liga.de

Informationsmaterial und Ansprechpartner für Selbsthilfegruppen:
Deutsche Leberstiftung
Carl-Neuberg-Str. 1
30625 Hannover
www.deutsche-leberstiftung.de

Hinweis
Die Ratschläge in diesem Buch wurden mit größter Sorgfalt von Autor und Verlag erarbeitet und geprüft. Eine Garantie kann jedoch nicht übernommen werden. Ebenso ist eine Haftung der Autoren bzw. des Verlags und seiner Beauftragten für Personen-, Sach- oder Vermögensschäden ausgeschlossen. Erkrankungen mit ernstem Hintergrund gehören in ärztliche Behandlung! Bei bereits bestehenden Beschwerden kann das Buch daher keinen fachärztlichen Rat ersetzen.

DR. MED. JÖRN KLASEN

ist Facharzt für Innere Medizin mit Schwerpunkt auf Magen-, Darm- und Lebererkrankungen, Ernährungsmediziner sowie Arzt für anthroposophische Medizin und Naturheilverfahren. Über 15 Jahre war er Chefarzt und zehn Jahre stellvertretender ärztlicher Direktor am Asklepios Westklinikum Hamburg. Seit 2015 ist er am Medizinicum Hamburg tätig und dort für den Bereich integrative Medizin verantwortlich. Jörn Klasen ist ein ausgewiesener Experte für die Kombination von Schulmedizin und Naturheilkunde. Einem breiten TV-Publikum ist er als NDR-Ernährungs-Doc bekannt. Er ist Bestseller-Autor und hat zahlreiche Bücher zu ernährungsmedizinischen Themen veröffentlicht. Jörn Klasen lebt mit seiner Partnerin bei Bremen auf dem Land.

ZUM AUTOR

Essen als Medizin, gesund werden und bleiben mit natürlichen Lebensmitteln, das ist das Motto des Ernährungs-Docs **Dr. med. Jörn Klasen.** Der Spezialist in Sachen Magen-, Darm- und Lebererkrankungen hat über 500 Leberspiegelungen durchgeführt. Vor allem am „schweigenden Organ“ zeigt sich für ihn, wie wichtig ein gesunder Lebensstil ist. Obwohl es noch keine wirksamen Medikamente gegen die Erkrankung Fettleber gibt, ist eine komplette Heilung mit der richtigen Ernährung möglich. Selbst im fortgeschrittenen Stadium lässt sich das Superorgan noch retten, wenn die Betroffenen ihr tägliches Essen zur Medizin machen. Für Jörn Klasen ist es eine Herzensangelegenheit, umfassend über dieses Thema aufzuklären.

Weitere Bücher des Autors:

- Runter mit dem Bluthochdruck
- Gemeinsam gegen Rheuma (mit Dr. Keihan Ahmadi-Simab)
- Gesunde Ernährung heute und morgen (mit Dr. Fionna Zöllner)
- Die Bücher der Ernährungs-Docs

IMPRESSUM

Hinter jedem tollen Buch steckt ein starkes Team

Projektleitung: *Kathrin Ullerich*
Texte: *Franziska Pfeiffer*
Rezepte: *Cora Wetzstein*
Lektorat: *Kathrin Gritschneder*
Redaktionelle Mitarbeit: *Kathrin Burger*
Covergestaltung: *ZERO Werbeagentur, München*
Grafische Gestaltung und Satz:
ZERO Werbeagentur, München, Georg Feigl
Fotografie: *Claudia Timmann (andere siehe Bildnachweis)*
Foodstyling: *Arno Lenz*
Herstellung: *Frank Jansen*
Producing: *Jan Russok*
Druck & Bindung: *optimal media GmbH, Röbel*

4. Auflage 2025

Neumühlen 17, 22763 Hamburg
ISBN: 978-3-96584-213-7
Redaktionsanschrift:
ZS, Edel Verlagsgruppe GmbH,
Kaiserstraße 14b, 80801 München
www.zsverlag.de/kontakt
www.edelverlagsgruppe.de/kontakt

BILDNACHWEIS

Pauline Karlson: 12, 13, 21; alle anderen Illustrationen: Shutterstock; Shutterstock: 35, 38, 39, 40, 41, 44, 45, 47, 50, 51, 53, 58, 60, 76, 128

LIEBE LESER, LIEBE LESERINNEN

wie schön, dass Sie ein Buch von ZS in den Händen halten. „jetzt leben!“ ist das Motto unseres Verlages. Es steht für Genuss und Inspiration, Unterstützung und Motivation. Ob Kulinarik oder Fitness, Gesundheit oder Lebenshilfe – seit über 30 Jahren bieten wir kompetente Ratgeber für (fast) alle Lebenslagen. Wir lieben Tradition genauso wie Innovation – sie treiben uns an. Unsere Autorinnen und Autoren sind Menschen, die zu ihrem Thema wirklich etwas zu sagen und zu schreiben haben. Unsere Produkte sind erzählerisch, appetitmachend und als gedruckte Bücher haptisch echte Erlebnisse. Für Sie mit ganz viel Liebe gemacht! Entdecken Sie mehr aus unserer wunderbaren Welt!

UNSER VERLAGSHAUS

Mit Standorten in Hamburg und München zählt die Edel Verlagsgruppe zu den größten unabhängigen Buchanbietern Deutschlands. Zur Gruppe gehören die Verlage Dr. Oetker Verlag, Edel Sports, KARIBU und ZS.

ZS - Ein Verlag der Edel Verlagsgruppe
www.zsverlag.de
www.facebook.com/zsverlag
www.instagram.com/zsverlag

NEWSLETTER

Was koche ich heute Feines? Und wie geht das – schmackhaft und gesund?

Melden Sie sich jetzt zum ZS-Genuss-Service an und verpassen Sie keine kulinarischen und gesundheitlichen Trends mehr.
Wir informieren Sie regelmäßig über unsere Neuerscheinungen, Aktionen oder Gewinnspiele und verraten Ihnen unsere Lieblingsrezepte!

GEWINNEN

Unter allen Neuabonnierenden verlosen wir jeden Monat eine *ZS-Genuss-Box* im Wert von 75,00 €.

Jetzt anmelden unter:
www.zsverlag.de/newsletter
oder den QR Code scannen:

ANMELDEN!